イタリア語で読む
星の王子さま

星の王子さま
Il Piccolo Principe

サン=テグジュペリ
著

エステル・フォーミッチェラ
イタリア語訳

録音スタジオ
巧芸創作

●

ナレーター
MINA CINZIA

●

語注
山川早霧

●

文法解説
緑葉友二

本書は、内藤濯氏による邦訳『星の王子さま』(初出：岩波少年文庫、1953年) のタイトルを、
日本語タイトルとして使わせていただきました。
長く愛される素晴らしい名訳を生み出した内藤氏に、敬意と感謝を表します。

はじめに

『星の王子さま』は、フランス人作家Antoine de Saint-Exupéry (1900–1944) が書いた小説です。平易な表現で寓話のスタイルを用いながら人間性の本質を問いかける名作として、子どもから大人まで、全世界で読まれています。

■ 本文はサン゠テグジュペリが書いた原文の味わいを保ちつつ、読みやすくシンプルなイタリア語にリライトされています。日本語訳は、物語としてのトーンを損なわないように逐語訳を避け、意訳している箇所もあります。

■ 各ページの欄外には単語の解説があります。またパート毎に、「覚えておきたいイタリア語表現」として、ポイントとなる表現をまとめてあります。

■ さらに音声でサン゠テグジュペリの世界を感じていただくために、本書のQRコードからネイティブのイタリア人の朗読音声をダウンロードしてお聞きいただけます。

学習方法について

　本書は、イタリア語の基本的文法をひと通り学んだ学習者が、復習をしながら読解力を向上させていけるよう構成されています。

　ストーリーを知っていても、いざイタリア語で読み直すとなると、短い文やパラグラフの中に、日本語からは発想できないようなイタリア語独特の難しさや味わいがあることに気づくでしょう。訳文と見比べながら、これまで学んできた近過去、半過去、大過去、遠過去といった時制が、どのような使われ方をしているのかを確かめてみてください。本書をくりかえし読みながら感じることで、なぜこれまで面倒な文法を頭に詰め込んできたのかが少しずつ納得できるのではないでしょうか。

　単語の解説や「覚えておきたいイタリア語表現」では、効率よく学習できるように、類似表現や言い換え表現を、例文を使って説明しています。例文を読み、それぞれの文のイメージを頭の中にたたきこみましょう。そうすることで、いざというときに必要な単語や慣用表現が自分のイタリア語として口やペン先から出てくるものです。

　外国語ですらすらと本を読むようになりたいと思っても、読解力は一朝一夕に身につきません。なにしろ日本語で生活している私たちがイタリア語で理解したり考えたりする時間は一日のうちわずかです。したがって継続性と効率性を重視した学習を日々重ねていくことが望ましいといえます。一日のうち、短い時間でも毎日根気よく続けて、外国語で『星の王子さま』を読む楽しさをぜひ体感してみてください。

＊本書は左ページにイタリア語、右ページに日本語を配し、対照して読み進めていただけるようつくられています。必ずしも同じ位置から始めることは難しいのですが、なるべく該当の日本語が見つけやすいように、ところどころ行をあけるなどして調整してあります。

＊欄外の単語解説では、名詞には性を付記しています。
　(m)：男性名詞　(f)：女性名詞

目次

本書の構成

本書は、

□ イタリア語本文に対応する日本語訳　　□ 欄外の語注

□ パート毎のフレーズ解説　　□ MP3形式のイタリア語音声

で構成されています。

　本書は、サン゠テグジュペリ原作の『星の王子さま』をやさしいイタリア語で書きあらためた本文に、日本語訳をつけました。

　各ページの下部には、イタリア語を読み進める上で助けとなるよう単語・熟語の意味が掲載されています。またイタリア語と日本語の段落のはじまりが対応していますので、日本語を読んでイタリア語を確認するという読み方もスムーズにできるようになっています。またストーリーの途中にイタリア語解説がありますので、本文を楽しみながら、イタリア語の使い方などをチェックしていただくのに最適です。

　各チャプターのQRコードをスマートフォンなどで読み取ると、そのチャプターのイタリア語テキストの音声を聞くことができます。また、PCなどに一括でダウンロードすることもできますので、イタリア語の発音を確認しながら読むことができます。

●音声一括ダウンロード●

本書の朗読音声（MP3形式）を下記URLとQRコードから無料でPCなどに一括ダウンロードすることができます。

https://ibcpub.co.jp/audio_dl/0792/

※ダウンロードしたファイルはZIP形式で圧縮されていますので、解凍ソフトが必要です。

※MP3ファイルを再生するには、iTunes（Apple Music）やWindows Media Playerなどのアプリケーションが必要です。

※PCや端末、ソフトウェアの操作・再生方法については、編集部ではお答えできません。
付属のマニュアルやインターネットの検索を利用するか、開発元にお問い合わせください。

星の王子さま

Il Piccolo Principe

A Léon Werth

Spero che i bambini mi perdoneranno se ho dedicato questo libro a una persona grande. Ma ho una buona scusa: questo adulto è il mio migliore amico. Ne ho anche una seconda di scusa: questo adulto capisce tutto, anche i libri per bambini. La mia terza scusa è che questo adulto vive in Francia, dove soffre la fame e il freddo. Ha bisogno di essere consolato. Se questi motivi non vi bastano, allora dedicherò il libro al bambino che questo adulto era. Tutti gli adulti, una volta, sono stati bambini. (Ma pochi di loro se lo ricordano.) E quindi la mia dedica sarà:

    A Léon Werth
       quando era un bambino.

■perdoneranno > perdonare 許す　■(persona) grande (f) 大人　■soffre > soffrire 苦しむ　■consolato > consolare 慰められる　■motivo (m) 理由　■bastano > bastare 足りる　■dedicherò > dedicare 献じる　■ricordano > ricordare 覚えている ■dedica (f) 献辞

レオン・ヴェルトに捧ぐ

　この本をあるおとなに捧げて書くことを、子どもたちに許してほしいと思う。言い訳もちゃんとある。このおとなは、ぼくの世界一の親友なんだ。二つ目の言い訳としては、このおとなは何でもよくわかっていて、子どもの本だってちゃんと理解しているということ。三つ目は、彼が今、フランスにいて、ひもじくて寒い思いをしているということだ。彼には元気づけが必要なんだ。それでも理由が足りなかったら、この本は、子どもだった頃の彼に捧げるとしよう。おとなも皆、昔は子どもだった。（そのことを憶えているおとなは少ないけどね）

　だから、こういうことにしよう。

　子どもだったころのレオン・ヴェルトに捧ぐ

Parte 1

---✳---

Capitolo 1-4

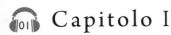

Capitolo I

All'età di sei anni, ho visto una bellissima immagine in un libro.
Il libro si intitolava Storie vissute. L'immagine rappresentava un
serpente boa nell'atto di inghiottire un animale. Ecco la copia del
disegno:

Nel libro c'era scritto: "Il serpente boa ingoia la preda in un unico
boccone. Dopo aver mangiato, non riesce più a muoversi e dorme
per sei mesi mentre digerisce."

Ho pensato a lungo alle avventure della giungla. Ho usato una
matita colorata per tracciare il mio primo disegno. Il mio disegno
numero 1. Era così:

■si intitolava > intitolarsi ～と題される　■vissute > vissuto (vivere) 経験した
■nell'atto di ～しようとしている最中に　■inghiottire 飲み込む　■disegno (m) デッサ
ン　■preda (f) 獲物　■riesce > riuscire できる、成功する　■matita (f) 鉛筆
■tracciare 線で描く

第１章

　ぼくは６歳のころ、本で素敵なさし絵を見た。『ほんとうのおはなし』という本で、大蛇ボアが、野生の動物を食べている絵だった。これがその絵だ。

　説明のところには、「ボアは食べ物を一口で丸のみします。食べた後は、満腹すぎて動けません。その後、６か月は休んでいなくてはならないのです」と書いてあった。
　ぼくはジャングルでの冒険について長いこと一生懸命考えた。それから、色えんぴつを使って初めての絵を描いたのだ。ぼくの絵の第１号は、こんな感じだった。

Ho mostrato il mio capolavoro ad alcuni adulti e ho chiesto se il mio disegno faceva loro paura.

Mi hanno risposto: "Perché un cappello dovrebbe fare paura?"

Ma io non avevo disegnato un cappello. Il mio disegno ritraeva un serpente boa che mangiava un elefante. Allora ho realizzato un secondo disegno. Per farglielo capire, il mio secondo disegno ritraeva l'interno del serpente boa. I grandi hanno sempre bisogno di spiegazioni. Il mio disegno numero 2 era così:

I grandi mi hanno consigliato di smetterla di disegnare serpenti boa visti dall'interno o dall'esterno e di dedicarmi, invece, alla matematica, alla storia e alla geografia. È così che, all'età di sei anni, ho abbandonato il mio sogno di diventare un pittore. L'insuccesso dei miei disegni numero 1 e numero 2 mi aveva scoraggiato. I grandi non capiscono mai niente da soli. E i bambini si stancano a dover spiegare loro sempre ogni cosa. Così, invece di diventare un pittore, ho imparato a pilotare gli aerei. Ho volato un po' dappertutto nel mondo. E la geografia, è vero, mi è servita a molto. Sapevo distinguere con un'occhiata la Cina dall'Arizona. Cosa molto utile se ci si perde di notte.

⭐

■capolavoro (m) 傑作　■cappello (m) 帽子　■disegnato > disegnare スケッチする
■ritraeva > ritrarre 表す　■consigliato > consigliare 勧める　■realizzato >
realizzare 現す　■smetterla > smettere 止める　■dedicarmi > dedicarsi 打ち込む
■insuccesso (m) 不成功　■mi scoraggiato > scoraggairsi がっかりする

ぼくは、この素晴らしい絵を何人かのおとなに見せた。これを見て、怖い
かどうか聞いたのだ。

答えはこうだった。「何で帽子が怖いのさ?」

ぼくは帽子を描いたんじゃない。これは、象を食べた大蛇ボアなのだ。仕
方がないから、2枚目の絵を描いた。おとなでもわかるように、同じボアの、
今度は中身まで描いてやった。いつだって説明されないとわからないのだ。
ぼくの第2作目は、こんな感じだった。

おとなたちはぼくに、ボアの内も外も描くのはやめるように言った。代わ
りに数学と歴史と地理をやれって。こういうわけで、ぼくは6歳にして絵描
きになる夢を断念した。第1号も第2号もうまくいかなかったからだ。おと
なって、自分だけでは何もわからないのだ。それで子どもたちは、何度も何
度も説明するのが嫌になるのだ。

絵描きになる代わりに、ぼくは飛行機の乗り方を覚えた。そして世界のあ
らゆるところへ飛んだ。地理はとても役に立った。ぼくは、ちらっと見ただ
けで中国とアリゾナの違いがわかるんだからね。夜、迷った時は、これでず
いぶん助かるよ。

■da soli > da solo 自力で　■invece 代わりに　■diventare 〜になる　■imparato >
imparare 習得する　■pilotare 操縦する　■aerei > aereo (m) = aeroplano 飛行機
■un po' dappertutto そこら中　■distinguere 見分ける　■(con) un'occhiata 一目で
■si perde > perdersi 迷う

Ho incontrato molte persone importanti nella mia vita. Ho vissuto parecchio tra i grandi. Li ho visti molto da vicino. Ma questo non ha migliorato la mia opinione su di loro.

Quando ne incontravo uno che mi sembrava un po' più sveglio, gli facevo un piccolo test: gli mostravo il mio disegno numero 1. Volevo sapere se era davvero uno che capisce le cose. Ma la risposta era sempre la stessa: "È un cappello". Allora non gli parlavo né di serpenti boa, né di animali selvatici né di stelle. Al contrario, gli parlavo di cose che potessero interessare i grandi. Gli parlavo di golf, di società e di abiti. E l'adulto era ben contento di conoscere un uomo così gradevole.

 # Capitolo II

Così ho trascorso la mia vita da solo. Non avevo nessuno con cui parlare davvero. Fino a quando, sei anni fa, il mio aeroplano ha avuto un guasto nel deserto del Sahara. Ero tutto solo. Sapevo di dover riparare il mio aeroplano da solo, senza nessun aiuto. Era questione di vita o di morte. Avevo pochissima acqua. Sarebbe durata per soli otto giorni.

■parecchio 相当な　■migliorato > migliorare 改善する　■sveglio 目の覚めている
■davvero 本当に　■cose > cosa (f) ものごと　■selvatici > selvatico 野生の
■gradevole 好ましい　■trascorso > trascorrere 過ごす　■fino a quando ～するまで
■guasto (m) 故障　■durata > durare 持つ

　ぼくは、今まで偉い人にたくさん会った。おとなたちに混じって長いこと暮らして、彼らを間近で見てきた。それでも、おとなに対するぼくの意見はましにならなかった。

　もののわかりそうなおとなに会うと、必ずちょっとしたテストをやった。ぼくの絵の第1号を見せたのだ。この絵が本当にわかる人かどうか見たかった。でも、反応はいつも同じだった。「帽子だね」。そこでぼくは、大蛇ボアのことも、野生の動物も、星のことも話さないことにする。代わりに、おとなが興味を持ちそうな話をしてやるのだ。ゴルフだの、社交界だの、洋服だの。そうすると決まっておとなは、とても感じのいい人に会ったと大喜びするのだ。

第 2 章

　何年もの間、ぼくの人生は孤独だった。ほんとうに話せる相手はだれもいなかった。そして6年前、ぼくの飛行機はサハラ砂漠で故障した。ぼくは全くのひとりぼっちだった。だれの助けもなく、自力で飛行機を直さなければならないとわかっていた。生きるか死ぬかだ。飲み水はほんのわずかしかない。8日くらいしかもたないだろう。

La prima sera nel deserto mi addormentai velocemente. Ero molto stanco. Mi trovavo a mille miglia da qualsiasi luogo abitato o essere umano. Mi sentivo più isolato di un naufrago su una zattera in mezzo all'oceano. Per cui immaginate la mia sorpresa quando, al levare del giorno, una vocina strana mi ha svegliato. La voce diceva: "Per favore... disegnami una pecora!"

"Cosa?"

"Disegnami una pecora..."

Sono balzato in piedi in preda a uno shock. E ho visto un ometto assolutamente insolito che mi fissava. Ecco il mio ritratto migliore di lui. L'ho fatto in seguito. Naturalmente il mio disegno è lungi dall'essere perfetto. I grandi mi avevano dissuaso dal disegnare all'età di sei anni, quando non avevo imparato a disegnare niente tranne l'interno e l'esterno dei serpenti boa.

■mi addormentai > addormentarsi 眠りにつく　■naufrago (m) 遭難者　■zattera (f) いかだ　■svegliato > svegliare 起こす　■pecora (f) ヒツジ　■balzato > balzare 飛び上がる　■in preda a ～に襲われる　■ometto (m) 少年　■assolutamente まったく ■insolito 珍しい　■fissava > fissare みつめる　■ritratto (m) 肖像　■in seguito 後で ■dissuaso > dissuadere 思いとどまらせる　■tranne ～以外

　砂漠での最初の晩、ぼくはすぐ眠りについた。疲労こんぱいしていたの
だ。だれからも、どこからも、何千マイルも離れたところにぼくはいた。大
洋の真っ只中の小船にひとりぼっちでいる船乗りよりも、もっと孤独な気が
した。だから朝方、小さな聞き慣れない声に起こされた時、ぼくがどれほど
驚いたかわかるだろう。その声は言った。

「お願いだよ……ヒツジを描いて！」

「何だって？」

「ヒツジを描いてよ……」

　ぼくはびっくり仰天して立ち上がった。見たこともない男の子がぼくをじ
っと見ていた。できるだけ似せて描いたのがこれだ。後になってから描いた
のだ。ぼくの絵はもちろん、完ぺきからはほど遠い。なにせ6歳のとき、ま
だ大蛇ボアの内と外しか描けない段階で、おとなから絵を描くのをやめさせ
られたんだからね。

Guardavo quell'ometto fissandolo con stupore. Non dimenticate che mi trovavo nel deserto, a mille miglia da qualsiasi luogo abitato o essere umano. Ma il mio ometto non sembrava né smarrito né stanco, né morto di fame né impaurito. Non aveva per nulla l'aspetto di un bambino perduto nel mezzo del deserto. Quando finalmente riuscii a parlare, gli domandai:

"Ma... che cosa ci fai tu qui?"

E lui mi ripeté:

"Per favore... disegnami una pecora!"

Feci quello che mi aveva chiesto. Presi dalla mia tasca un foglio di carta e una penna. Ma allora mi ricordai che sebbene avessi imparato molte cose a scuola, non sapevo disegnare. E a mezza bocca glielo dissi. Ma lui rispose:

"Non importa. Disegnami una pecora."

Siccome non avevo mai disegnato un pecora, rifeci per lui uno dei due disegni che ero capace di fare: il disegno del serpente boa visto dall'esterno che aveva mangiato un elefante. Lui lo guardò. Rimasi stupefatto nel sentirgli dire:

"No, no! Non voglio un serpente boa che ha mangiato un elefante. I serpenti boa sono pericolosi e gli elefanti sono molto grandi. Dove vivo io, tutto è piccolo. Ho bisogno di una pecora.
Disegnami una pecora."

E disegnai una pecora.

Lui la guardò con attenzione e disse:

⭐ ■stupore (m) 驚き ■smarrito 途方にくれた ■tasca (f) ポケット ■sebbene にもか かわらず ■a mezza bocca あいまいに ■Siccome なので ■stupefatto あっけにとら れる

　ぼくは、あっけに取られてこの子を見つめた。ぼくが、だれからもどこからも何千マイルも離れた砂漠にいたことを思い出してくれ。なのにこの子は、道に迷ったり、疲れたり、腹が減ったり、怖かったりという様子がなかった。どう見ても、砂漠の真ん中で道に迷った子どもには見えない。ようやく口をきけるようになったとき、ぼくは言った。

　「でも……ここで何してるんだ?」
　その子はまた言った。
　「お願いだよ……ヒツジを描いて……」
　ぼくは言われたとおりにした。ポケットを探って、紙きれとペンを取り出した。ところがそこで、あることを思い出したのだ。学校ではいろんなことを習ったが、絵の描き方はわからない。ぼくはちょっと不機嫌な声で、男の子にそう言った。でも答えはこうだった。
　「そんなこと、関係ないよ。ヒツジを描いてよ」
　ぼくはヒツジを描いたことがなかったので、描けるとわかっている2枚のうちの1枚を描いた。象を飲み込んだ大蛇ボアの外側を描いたのだ。男の子はそれをながめた。そして、驚いたことにこう言ったのだ。

　「違う、違うよ!　象を飲み込んだボアの絵なんかほしくないよ。ボアはとても危険なやつだし、象は大きすぎる。ぼくの住んでいるところは、何でもとても小さいんだからね。ぼくがほしいのはヒツジなんだよ。ヒツジを描いてよ」
　そこでぼくはヒツジを描いた。
　男の子は、注意深く見て、こう言った。

"No! Questa è malata. Fanne un'altra."

E ne disegnai un'altra.

Il mio nuovo amico sorrise e disse:

"Questa non è una pecora,
è un ariete. Ha le corna."

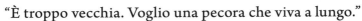

Feci un altro disegno. Ma neanche questo gli
piacque:

"È troppo vecchia. Voglio una pecora che viva a lungo."

Avevo fretta. Dovevo riparare il mio aeroplano. Scarabocchiai
velocemente il disegno qui sotto e gli dissi: "Questa è una scatola.
La pecora che vuoi è dentro."

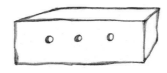

Rimasi sorpreso di vedere il suo volto illuminarsi:

"È proprio così che la volevo! Secondo te questa pecora ha bisogno
di tanta erba?"

"Perché?"

"Perché dove vivo io, tutto è piccolo."

"Questa pecora non avrà bisogno di tanta erba. Ti ho fatto una
pecora molto piccola."

Lui guardò attentamente il disegno:

"Non è così piccola... Guarda! Si è addormentata..."

E fu così che feci la conoscenza del piccolo principe.

■ariete (m) 雄羊 ■corna (m) 角 ■scarabocchiai > scarabocchiare なぐり書きする
■volto (m) 顔色 ■erba (f) 草

24

「だめだよ。このヒツジは病気みたいじゃないか。別なのを描いてよ」

そこで別なのを描いた。

ぼくの新たな友達は微笑んで、言った。

「これは普通のヒツジじゃないよ——牡ヒツジじゃないか。角がついてるよ」

ぼくはまた描いた。でもこれも、男の子には気に入らないらしかった。

「このヒツジは年を取りすぎてるよ。長いこと生きるヒツジがほしいんだ」

ぼくは急いでいた。飛行機を修理したかったのだ。だから、下のような絵を手早く描いて、こう言った。

「これは箱だよ。きみのほしがってるヒツジはこの中にいるよ」

男の子の顔が輝いたので、びっくりした。

「これがほしかったんだよ！ このヒツジはたくさん食べると思う？」

「なぜだい？」

「だってぼくのいたところでは、何もかもがとても小さいんだもの」

「このヒツジはあんまりたくさん食べないよ。とても小さなヒツジをあげたんだから」

男の子は、その絵をじっと見ていた。

「そんなに小さくないよ……見て！ 眠っちゃった……」

ぼくはこうして、小さな王子さまと出逢ったのだった。

Capitolo III

Mi ci volle molto tempo per capire da dove veniva.

Il piccolo principe, che mi faceva molte domande, sembrava non capire le mie. Finii per sapere qualcosa su di lui solo attraverso alcune sue osservazioni fatte per caso. Quando vide per la prima volta il mio aeroplano (non lo disegnerò perché sarebbe un disegno troppo complicato per me), mi chiese:

"Che cos'è quella cosa là?"

"Non è una cosa. Vola. È un aereo. È il mio aereo."

Ero fiero di dirgli che sapevo volare. Lui gridò:

"Cosa? Sei caduto dal cielo?"

"Sì", dissi.

"Oh! È buffo..."

E il piccolo principe scoppiò a ridere, cosa che mi turbò. Voglio che i miei problemi vengano presi sul serio. Infine disse:

■ci volle > volerci 必要とする　■attraverso ～を通じて　■osservazioni > osservazione (f) 観察　■per caso 偶然に　■fiero 誇らしい　■gridò > gridare 叫ぶ　■caduto > cadere 落ちる、倒れる　■buffo おかしい、こっけいな　■scoppiò > scoppiare 不意に～する　■mi turbò > turbarsi（心を）乱す

第 3 章

　王子さまがどこから来たのか、知るにはとても時間がかかった。

　王子さまはぼくにたくさんの質問をしたけれど、ぼくの質問は聞こえない
みたいだった。ぼくが王子さまについて知ったことは、彼が何気なく言った
ことから偶然にわかったのだ。ぼくの飛行機を初めて見たとき（飛行機の絵
を描くのはやめにしておく。難しすぎるからね）、王子さまは言った。

　「あそこにあるあれ、なあに？」

　「あれじゃないよ。飛ぶんだよ。飛行機だ。ぼくの飛行機だよ」

　ぼくは、自分が飛行機に乗れると言うのが誇ら
しかった。王子さまは叫んだ。

　「なんだって？　きみは空から落ちてきたの？」

　「そうだよ」ぼくは言った。

　「そうか！　それは面白い」

　そして小さな王子さまは笑い始めた
が、ぼくは気に入らなかった。人の問題
は深刻に受けとめてほしいものだ。つい
に王子さまは言った。

"Allora anche tu vieni dal cielo! Di che pianeta sei?"

Intuii una luce nel mistero della sua presenza. Gli chiesi bruscamente:

"Quindi vieni da un altro pianeta?". Ma lui non mi rispose. Poi, dolcemente, mentre guardava il mio aereo disse: "È vero che non puoi essere venuto da molto lontano..."

E rimase a lungo perso nei suoi pensieri. Tirò fuori dalla tasca il mio disegno della pecora e la studiò in contemplazione.

Ero molto interessato a quello che il piccolo principe aveva detto riguardo a "gli altri pianeti". Desideravo saperne di più per cui gli chiesi:

"Da dove vieni, piccolo amico? Dov'è la tua casa? Dove vuoi portare la mia pecora?"

Dopo un po' lui rispose:

"Quello che c'è di buono, è che la scatola che mi hai dato, le servirà da casa per la notte."

"Sì, certo. E se sei buono, ti darò qualcosa per legare la pecora durante il giorno."

La mia offerta scandalizzò il piccolo principe.

"Legarla? Che buffa idea!"

■pianeta (m) 惑星　■intuii > intuire 察する　■bruscamente 無作法に　■in contemplazione じっと見つめる　■riguardo a ～に関して　■legare つなぐ
■scandalizzò > scandalizzare 憤慨させる

「じゃ、きみも空から来たんだね！　どの惑星から？」

わからないことだらけの王子さまの、これは新しい情報じゃないか。ぼくはすばやくたずねた。

「じゃ、きみは別の惑星から来たんだね？」でも王子さまは何も言わなかった。そして、ぼくの飛行機を見ながらゆっくりと答えた。

「確かに、きみはあまり遠くから来られたはずがないね……」

それきり長い間しゃべらなかった。ポケットからぼくが描いたヒツジの絵を取り出して、嬉しそうにながめていた。

ぼくは、王子さまが「他の惑星」と言ったことに興味しんしんだった。もっと知りたくて、たずねてみた。

「ねえきみ、きみはどこから来たの？　きみのおうちはどこ？　ぼくのヒツジをどこへ連れて行くの？」

しばらくして、王子さまは答えた。

「ヒツジ用の箱をくれて嬉しいよ。夜になれば、ヒツジ小屋に使えるもの」

「もちろんだとも。きみがいい子なら、昼の間、ヒツジをつないでおくものを描いてあげるよ」

ぼくの申し出は、王子さまにはショックだったようだ。

「つないでおく？　なんておかしな考えだろう！」

"Ma se non la leghi, andrà in giro e si perderà."

Il mio amico scoppiò in una nuova risata.

"Ma dove credi che vada?"

"Ovunque. Dritto davanti a sé."

E il piccolo principe mi rispose gravemente:

"Non importa, è talmente piccolo da me!"

E con una voce triste, rispose:

"Dritto davanti a sé non si può andare molto lontano..."

 # Capitolo IV

Avevo così saputo una seconda cosa molto importante. Il suo pianeta era poco più grande di una casa!

La cosa non mi stupiva molto. Oltre ai grandi pianeti come la Terra, Giove, Marte e Venere, ce ne sono centinaia molto piccoli. Quando un astronomo scopre uno di questi piccoli pianeti, gli dà per nome un numero. Lo chiama per esempio Asteroide 3251.

■risata (f) 笑い声　■ovunque どこでも　■talmente それほどに　■mi stupiva > stupirsi 驚かせる

「でもつないでおかなかったら、歩き回ってしまうよ。いなくなってしまうかも知れない」

王子さまはまた笑い出した。

「どこへ行くと思うの？」

「どこでも。ずうっとまっすぐかもしれない」

小さな王子さまは、重々しく言った。

「それは問題にならないよ——ぼくのところは、なんでも本当に小さいんだからね！」

そして、悲しげにも聞こえる声で、付け加えた。

「まっすぐ進んでも、あまり遠くへは行けないよ……」

第4章

これで、二つ目に大事な情報がわかったのだった。王子さまの惑星は、家一軒よりちょっと大きいくらいなのだ！

これには、ぼくは驚かなかった。地球や木星、火星、金星のような大きな惑星がある一方で、何百もの小惑星があることを知っていたからだ。天文学者はこういう小さい惑星を発見したら、名前じゃなくて、数字をつける。惑星3251みたいにね。

Ho serie ragioni per credere che il pianeta da cui veniva il piccolo principe è l'asteroide B612. Questo asteroide è stato visto una sola volta, nel 1909, da un astronomo turco. L'astronomo aveva presentato la sua scoperta al Congresso Internazionale di Astronomia. Ma nessuno gli aveva creduto per via del suo abito turco. I grandi sono fatti così.

Fortunatamente per la reputazione dell'asteroide B612, un dittatore turco imposte al suo popolo di vestirsi all'europea. L'astronomo rifece la sua presentazione nel 1920, indossando un completo molto elegante. E questa volta tutti gli diedero retta.

Se vi ho raccontato di questo asteroide e del suo numero è proprio per i grandi. I grandi amano i numeri. Quando gli parlate di un nuovo amico, non fanno mai domande sulle cose essenziali. Non vi chiedono mai:

■serie > serio まじめな ■ragioni > ragione (f) 道理、理屈 ■per via del > per via di 〜のために ■reputazione (f) 評判 ■imposte > impostare 定める ■rifece > rifare

ぼくには、王子さまが惑星B612から来たのだと信じる理由がある。この惑星は、1909年に一度だけ観測された。トルコの天文学者が観測したのだ。その学者は、国際天文学会議で自分の発見を発表した。ところがトルコの民族衣装を着ていったので、だれも彼の言うことを信じなかった。おとなって、そういうものなんだ。

惑星B612の未来のためには幸いなことに、トルコの支配者が、トルコ臣民は西洋の洋服を着なければならないことにした。さっきの天文学者は、1920年にもう一度、発見報告をした。とてもかっこいいスーツを着ていた。そしたら、だれもが信じたんだよ。

ぼくがこの惑星の背景と公式番号の話をしたのは、おとなたちのためだ。おとなは数字が大好きだからね。新しい友達ができたとき、おとなは肝心なことはぜんぜん聞かないんだ。「その子の声はどんな感じ？ どういう遊びが好き？ 蝶を集めたりする？」なんてことは、絶対に聞かない。

再度する ■indossando > indossare 身に着ける ■completo (m) そろいの服、スーツ
■diedero retta > dare retta 耳を傾ける

"Che tono ha la sua voce? Quali sono i suoi giochi preferiti? Colleziona farfalle?" Vi chiedono: "Quanti anni ha? Quanti fratelli ha? Quanto pesa? Quanto guadagnano i suoi genitori?" Solo allora credono di conoscerlo. Se dite ai grandi: "Ho visto una bella casa in mattoni rosa, con fiori alle finestre...", loro non riescono a immaginarsela. Bisogna dire loro: "Ho visto una casa da centomila franchi." E allora i grandi esclameranno: "Com'è bella!"

Così se voi dite ai grandi: "La prova che il piccolo principe è esistito sta nel fatto che era bellissimo, che rideva e che voleva una pecora. Quando uno vuole una pecora è la prova che esiste", non vi crederanno. Vi tratteranno come un bambino. Ma se invece gli dite: "Il pianeta da cui veniva è l'asteroide B612", allora vi crederanno e smetteranno di farvi domande. I grandi sono fatti così. Non c'è da prendersela. I bambini devono essere molto indulgenti con i grandi. Ma, certo, noi che comprendiamo la vita, ci facciamo beffe dei numeri. Mi sarebbe piaciuto cominciare questo libro come una bella storia. Mi sarebbe piaciuto scrivere:

"C'era una volta un piccolo principe, che abitava su un pianeta poco più grande di lui e che aveva bisogno di un amico..." Per coloro che comprendono la vita, sarebbe stato molto più vero.

★
■pesa (f) 重さ ■guadagnano > guadagnare 稼ぐ ■mattoni > mattone (m) レンガ
■esclameranno > esclamare 感心して叫ぶ ■esistito > esistere 実在する
■tratteranno > trattare 扱う ■indulgenti > indulgente 寛大な ■ci beffe > beffarsi
あざ笑う

代わりに、「年はいくつ？ お兄さんやお姉さんは何人いる？ 体はどのくら
い大きい？ ご両親はいくらくらい稼ぐの？」っていうことばかり聞くんだ。
こういう数字を聞いて初めて、その子のことがわかったような気になるん
だよ。「窓辺に花がかざってあって、バラ色の石でできた素敵な家を見たよ
……」と言ったら、おとなはどんな家か想像もつかないだろう。彼らにわか
らせるには、「10万フランもする家を見たよ」と言わなけりゃならないんだ。
そうしたら「なんて素敵な家だろう！」って言うよ。

　だからもし、「小さな王子さまが本物だってことは、王子さまが素敵で、
笑って、ヒツジをほしがったからわかるよ。ヒツジをほしがるってことは、
本物だってことだよ」なんて言ったら、おとなは信じないだろう。きみを子
ども扱いするに決まってる。でももし、「惑星B612から来たんだよ」と言え
ば、おとなは信じるだろうし、いろいろ質問してこなくなるだろう。おとな
って、そういうものなのだ。責めちゃあいけないよ。子どもはおとなにやさ
しくしてあげなきゃ。

　もちろん、人生のことがわかってるぼくらは、数字なんか笑い飛ばすよ。
この本は、美しいお話として始めたかったな。こういう出だしのね：

　「昔々、あるところに小さな王子さまがおりました。自分よりちょっと大
きいだけの惑星に住んでいて、友達をほしがっていました……」人生っても
のがわかってる人には、この方がもっと現実味があったと思うよ。

Il mio libro non deve essere letto alla leggera. Provo dolore a raccontarlo qui. Sono già sei anni che il mio amico se ne è andato con la sua pecora. Ne scrivo per non dimenticarlo. È triste dimenticare un amico. Non tutti hanno avuto un amico. E posso diventare anche io come i grandi che si interessano soltanto di cifre. E per questo ho comprato una scatola di colori e delle matite. È difficile rimettersi a disegnare alla mia età, dopo non aver disegnato altro che un serpente boa dal di fuori e dal di dentro! Cercherò di fare i migliori disegni possibili. Ma non sono sicuro di riuscirci. Un disegno va bene, ma l'altro non assomiglia per niente al piccolo principe. Qui è troppo alto. Lì è troppo piccolo. Ho dei dubbi anche sul colore dei suoi abiti. Allora vado avanti, facendo del mio meglio. Farò di sicuro degli errori. Ma bisognerà perdonarmi. Il mio piccolo amico non mi dava mai delle spiegazioni. Forse credeva che fossi come lui. Forse credeva che capissi tutto da solo. Ma io non so vedere le pecore attraverso le scatole. Forse sono diventato come i grandi. Devo essere invecchiato.

■alla leggera 軽々しく　■dolore (m) 苦しみ　■cifre > cifra (f) 数字　■rimettersi 再開する　■assomiglia > assomigliare 似ている　■dubbi > dubbio (m) 疑い
■invecchiato 年を取った

　だれも、ふざけた気持ちでぼくの本を読んじゃいけないよ。これを書きながら、ぼくは本当に悲しいんだから。ぼくの友達が、ヒツジを連れていなくなってから、もう6年が過ぎた。今、書いているのは王子さまのことを忘れないためだ。友達のことを忘れるのは悲しいことだ。だれもが友達を持てるわけじゃない。ぼくだって、数字のことしか興味のないおとなみたいになるかもしれないしね。だから絵の具箱と色えんぴつを買ってきたんだ。ぼくの年になって絵を始めるのは楽じゃない。しかも、大蛇ボアの内と外しか描いたことがないんだからね！　できるだけ上手に描くようにがんばるよ。でもたぶんうまくいかないだろう。1枚目はまだいいんだ。ところが2枚目は、小さな王子さまとは似ても似つかない代物になる。次の絵では背が高すぎる。次の絵は小さすぎ。それに、王子さまの服の色合いがはっきりわからない。そんな具合に、ぼくは一生懸命描き続ける。いくつか、間違いもするだろう。でも許してくれないといけないよ。ぼくの友達の王子さまは、こういうことを一度も説明してくれなかったんだからね。きっと、ぼくのことを自分と同じだと思ったのだろう。ひとりでなんでもわかっていると思ったのだ。でもぼくには、箱の中のヒツジが見えない。おとなみたいになってしまったのかもしれない。ならなきゃいけなかったんだよ。

覚えておきたいイタリア語表現

All'età di sei anni (p.14, 1行目)
ぼくは6歳のころ

【解説】All'età di ～ anni は「～歳のときに」という言い回しです。

【例文】

　　　Ha cominciato a dipingere all'età di 29 anni.
　　　彼は29歳のときに絵を描き始めた。

E ho chiesto se il mio disegno faceva loro paura. (p.16, 1–2行目)
これを見て、怖いかどうか聞いたのだ。

【解説】fareは「ある状態を生じさせる、もたらす」というときに使われます。ここでは fare paura ～で「～を怖がらせる」という意味です。pauraを使った他の表現も見ておきましょう。

【例文】

　　　❏ avere paura di A　　Aを恐れる
　　　　Ho paura dei terremoti.　　私は地震が怖い。

　　　❏ avere paura di ＋不定詞　　～するのを恐れる
　　　　① Ha sempre paura di sbagliare.　　彼はいつも間違えることを恐れている。
　　　　② Io ho paura di perdere l'uomo che amo.　　愛してる人を失うのが怖いの。

Sapevo distinguere con un'occhiata la Cina dall'Arizona.
(p.16, 下から3–2行目)
ぼくは、ちらっと見ただけで中国とアリゾナの違いがわかるんだからね。

【解説】con un'occhiata「一目で」は、非常に便利な表現です。distinguere A da B は「AとBを区別する」という意味です。

【例文】

　　　Bisogna distinguere il bene dal male.　　善悪を見分ける必要がある。

Il mio aeroplano ha avuto un guasto nel deserto del Sahara.
（p.18, 下から5–4行目）
ぼくの飛行機はサハラ砂漠で故障した。

【解説】avere un guasto で「故障する」という意味になります。「故障している」ならば
essere guasto です。

【例文】
① La moto di Fausto ha avuto un guasto.　ファウストのバイクは故障した。
② Sì, l'ascensore è guasto, dovrà usare le scale.
　　はい、エレベーターは故障中です。階段をお使いください。

Era questione di vita o di morte.（p.18, 下から3–2行目）
生きるか死ぬかだ。

【解説】ここでは動詞 essere の半過去 era が使われていますが、È questione...と現在形
ならば「それは死活問題だ」という意味になります。名詞 questione は解決すべき「問題
／課題」というニュアンス。これによく似た英単語 question「質問」の意味では、別の
単語 domanda が使われます。

【例文】
① È una questione urgente che dev'essere discussa immediatamente.
　　これはすぐに議論する必要がある緊急の課題です。
② Questa domanda è più facile della prima.
　　この質問は最初の質問よりもやさしいです。

Cercherò di fare i migliori disegni possibili.（p.36, 8–9行目）
できるだけ上手に描くようにがんばるよ。

【解説】i migliori は英語の the best「最良の」に相当します。possibile は最上級の後に
つくと「できるかぎり〜」という意味になります。

【例文】
Arriverò il più presto possibile.　できるだけ早く着くようにするよ。

Parte 2

---　✳　---

Capitolo 5-8

Capitolo V

Ogni giorno imparavo qualcosa sul suo pianeta, sui motivi per cui era partito, e sul suo viaggio. Imparavo queste cose un po' alla volta per caso, mentre parlavamo. Fu così che, al terzo giorno, appresi dei baobab.

Anche questa volta fu grazie alla pecora. All'improvviso, come preso da un dubbio, il piccolo principe mi chiese:

"È proprio vero che le pecore mangiano gli arbusti?"

"Sì. È vero."

"Oh! Sono contento."

Non capii perché era così importante che le pecore mangiassero gli arbusti. Ma il piccolo principe continuò:

"Allora mangiano anche i baobab?"

Gli feci osservare che i baobab non erano arbusti, ma degli alberi grandi come chiese. Anche se avesse avuto un branco di elefanti, il branco non sarebbe riuscito a mangiare un solo baobab.

■per caso 偶然に　■appresi > apprendere 知る　■all'improvviso 不意に　■arbusti > arbusto (m) 低木、茂み　■osservare 指摘する　■anche se たとえ～でも　■branco (m) 群れ

第 5 章

　毎日ぼくは、王子さまの惑星のことや、どうして王子さまがそこを離れた
か、それからの旅について、何かしら学んだ。話をしているうちに、ゆっく
りと、偶然、わかるんだ。3日目にバオバブの木について聞いたときもそう
だった。

　これも、きっかけはヒツジだった。不安そうな感じで、王子さまが突然、
聞いてきたのだ。

　「ヒツジが草を食べるって本当だよね？」

　「そう、本当だよ」

　「そうか！　よかった」

　ヒツジが草を食べるのがどうしてそんなに大事なのか、ぼくにはわからな
かった。でも、王子さまはこうたずねたのだ。

　「じゃあ、ヒツジはバオバブも食べる？」

　そこでぼくは、バオバブは草ではなくて、教会みたいに大きい木なのだと
教えてやった。象がたくさんいても、バオバブの木を1本食べることもでき
やしないと。

L'idea del branco di elefanti fece ridere il piccolo principe:

"Bisognerebbe metterli gli uni sugli altri..."

Poi disse:

"I baobab, prima di diventare grandi, cominciano con l'essere piccoli."

"È esatto. Ma perché vuoi che le tue pecore mangino i piccoli baobab?"

Mi rispose: "Beh, è ovvio!" come se si trattasse di una cosa importante. E dovetti prestare molta attenzione per capire quello che disse a seguire. Sul pianeta del piccolo principe, come su tutti i pianeti, ci sono le erbe buone e quelle cattive. Di conseguenza: dei buoni semi di erbe buone e dei cattivi semi di erbe cattive. Ma i semi sono piccolissimi e difficili da vedere. Dormono nella terra finché non decidono di risvegliarsi. Allora spingono un ramoscello attraverso la terra. Se si tratta di una pianta buona, si può lasciarlo spuntare. Ma se il ramoscello diventa una pianta cattiva, bisogna strapparla il prima possibile. C'erano dei terribili semi sul pianeta del piccolo principe: erano i semi del baobab. Il suolo ne era invaso. E se si aspetta troppo tempo per estirparlo, il baobab crescerà fino a coprire l'intero pianeta. Lo ingombra tutto il pianeta. E se il pianeta è troppo piccolo e ci sono troppi baobab, i baobab lo distruggeranno.

⭐

　たくさんの象を思い描いて、王子さまは笑った。

　「象をどんどん上に積んでいけばいいんだね……」

　そして言った。

　「バオバブは最初から大きいわけじゃないんだよ。はじめはとても小さいんだ」

　「それはそうだ。でもきみはどうして、ヒツジに小さいバオバブを食べさせたいんだい？」

　王子さまは言った。「うん、説明しよう！」重大事を明かすような言い方だった。次にくる説明をちゃんと理解するのに、ぼくは注意して聞かなければならなかった。

　惑星ではどこも同じだが、小さな王子さまの惑星にも、いい植物とわるい植物が生えていた。つまり、いい植物から取れるいい種と、わるい植物から取れるわるい種とがあったのだ。でも種というものは、とても小さくて見にくい。目をさまして成長しようと決めるまでは土の中で眠っていて、その時が来ると、土を突き抜けて小さな芽を出すんだ。その芽が大きくなって、いい植物になれば、そっとしておいていい。でもわるい植物になったら、できるだけ早くひっこ抜かなければならないのだ。王子さまの惑星には、ものすごく性質のわるい種があった……バオバブの種だ。この種は、星中の土の中に埋まっていた。うっかりして芽のうちに抜いてしまわないと、どんどん育って惑星中に広がってしまうのだ。星は乗っ取られてしまうだろう。うんと小さい惑星にバオバブがたくさん育ったら、その星は壊されてしまう。

"Bisogna occuparsi di loro ogni giorno", mi disse in seguito il piccolo principe. "Ogni mattina, mi prendo cura del mio pianeta. Devo strappare i baobab appena li riesco a distinguere dalle rose. I baobab assomigliano molto alle rose quando sono piccoli. È un lavoro molto noioso, ma facile". E un giorno mi chiese di farne un disegno per farlo capire ai bambini del mio pianeta. "Se un giorno viaggeranno", mi diceva, "questo potrebbe aiutarli. A volte si può aspettare e rimandare un lavoro. Ma se si tratta dei baobab, aspettare comporta seri problemi. Ho conosciuto un pianeta abitato da un uomo pigro. Aveva trascurato tre arbusti e..."

■occuparsi 精を出す　■in seguito のちに　■prendo cura del > prendere cura di ~ の世話をする　■noioso わずらわしい　■rimandare 先延ばしにする　■comporta > comportare もたらす　■pigro 怠惰　■trascurato > trascurare 放置する

　「要は、毎日、きちょうめんに片づけることだよ」小さな王子さまはあとで
ぼくに言った。「毎朝、ぼくは星の世話をする。バラの苗と区別がつくが早
いか、バオバブの苗は抜くんだ。出始めのころは、バオバブってバラにそっ
くりなんだよ。作業はおもしろくもないけど、簡単なんだ」

　そしてある日、王子さまは、ぼくの惑星の子どもたちのために絵を描いて
ほしがった。「いつか子どもたちが旅行することがあったら」、王子さまは言
った。「これが役に立つかもしれない。待ってみて、あとからやっても遅く
ない作業もある。でもバオバブが相手のときは、待っていたら大変なことに
なるんだ。ぼくの知っているある星は、なまけものの男が住んでいて、3本
の若芽をほうっておいたんだ。そうしたら……」

E mentre il piccolo principe lo descriveva ho disegnato quel pianeta. In generale non mi piace dire alle persone quello che devono fare. Ma il pericolo dei baobab è così poco conosciuto. E così questa volta ho fatto un'eccezione alla mia regola. E dico: "Bambini! Fate attenzione ai baobab!" Ho lavorato molto a questo disegno. Spero che insegni ai miei amici questo pericolo. La lezione che volevo dare giustificava la fatica fatta per disegnarlo. Forse mi potreste domandare: perché non ci sono in questo libro altri disegni altrettanto buoni come quello dei baobab? La risposta è semplice: ho cercato di fare del mio meglio, ma non ci sono riuscito. Quando ho disegnato i baobab, ero animato da un sentimento di urgenza.

■eccezione (f) 例外　■insegni > insegnare 教える　■giustificava > giustificare 正当化する　■altrettanto 同様に　■animato > animare 突き動かされる

それでぼくは、王子さまの説明どおり、この絵を描いた。普通なら、ぼくは人に指図をするのはきらいだ。でもバオバブの危険というものはあまり広く知られていない。だから、今回だけは自分のルールに例外をつくることにした。こう言おう。「子どもたち！　バオバブに気をつけろ！」ぼくは、この絵をものすごく一生懸命描いた。ぼくの友達がこれを見て、バオバブの危険をわかってくれるといいのだが。ぼくの言いたかったこの教訓は、がんばって絵を描くだけの価値があったと思うよ。きみはたずねるかもしれない。この本のほかの絵は、どうしてバオバブの絵みたいに上手じゃないの？　答えは簡単だ。ぼくはベストを尽くしたけど、うまくいかなかった。バオバブを描いたときは、バオバブのはらむ危険に触発されたのだ。

Capitolo VI

Oh! Piccolo principe, ho cominciato a capire alla fine la tristezza della tua piccola vita. Non hai mai avuto molto tempo per i piaceri, eccetto che per godere della bellezza del tramonto. Ho appreso questo particolare il quarto giorno, al mattino, quando mi hai detto:

"Mi piacciono tanto i tramonti. Andiamo a vederne uno..."

"Ma bisogna aspettare..."

"Aspettare cosa?"

"Aspettare che il sole tramonti."

All'inizio sei sembrato molto sorpreso, poi hai riso di te stesso. E hai detto: "Per un attimo ho creduto di essere a casa!"

Come tutti sanno, quando è mezzogiorno negli Stati Uniti, il sole sta tramontando in Francia. Basterebbe andare in Francia in un minuto per assistere al tramonto. Sfortunatamente la Francia è troppo lontana. Ma sul tuo piccolo pianeta ti bastava spostare la sedia di qualche passo. E guardavi il tramonto tutte le volte che volevi.

■eccetto ～以外は　■godere 楽しむ　■te stesso（自分）自身　■basterebbe > bastare 足りる　■assistere 立ち会う　■sfortunatamente 不幸にも　■spostare 動かす　■passo (m) 歩

50

第 6 章

　ああ、小さな王子さま。ぼくはようやく、きみの小さな人生の悲しみがわかりかけてきた。きみは、入り日の美しさを眺める以外には、楽しみの時間など持たずに来たのだ。これを知ったのは4日目の朝、きみがこう言ったときだった。

「ぼく、日の入りを見るのが大好きだよ。見に行こうよ……」
「でも待たなくちゃ……」
「待つって、何を？」
「太陽が沈むのをだよ」

　きみは最初、とてもびっくりしたようで、それから自分自身を笑って言った。「一瞬、自分の星にいるんだと思っていたよ！」

　みんな知ってると思うけど、アメリカで正午のとき、太陽はフランスで沈んでいく。日の入りを見たければ、1分くらいでフランスに行かなくちゃいけないわけだ。不幸なことに、フランスはあまりに遠い。でもきみの小さな惑星なら、椅子を何フィートか動かすだけでいいんだね。そうしたら日の入りを、何度でも見たいだけ見られるんだ。

"Un giorno ho visto il sole tramontare quarantaquattro volte!"

Più tardi hai aggiunto:

"Sai... quando si è molto tristi, guardare il tramonto ti fa sentire meglio..."

Gli ho chiesto: "Il giorno in cui hai visto il sole tramontare quarantaquattro volte eri molto triste?"

Ma il piccolo principe non mi ha risposto.

 # Capitolo VII

Il quinto giorno mi fu svelato il segreto della vita del piccolo principe. Mi fece una domanda a bruciapelo. Come se ci avesse pensato a lungo:

"Se una pecora mangia gli arbusti, mangia anche i fiori?"

"Una pecora mangia tutto quello che trova."

"Anche i fiori che hanno le spine?"

"Sì. Anche i fiori che hanno le spine."

"Allora le spine a cosa servono?"

Non lo sapevo. Ero molto occupato. Stavo cercando di riparare il mio aeroplano. Ero preoccupato. L'aeroplano era difficile da riparare e non mi rimaneva più molta acqua da bere.

■svelato > svelare 明らかにする　■segreto (m) 秘密　■bruciapelo だしぬけに

「44回見たこともあるよ！」

また、こうも言った。

「ねえ、知ってる……悲しいときには夕日を見ると気分が休まるんだ……」

ぼくはたずねた。「日の入りを44回も見た日は、とても悲しかったんだね？」

王子さまは答えなかった。

第 7 章

　５日目になって、ぼくは王子さまの秘密を知った。王子さまは突然、質問をしてきたが、長いこと考えてから聞いたようだった。

「もしヒツジが草を食べるのなら、花も食べる？」

「ヒツジは、手当り次第、何でも食べるよ」

「トゲのある花でも？」

「そうだ。トゲのある花でも」

「じゃ、トゲなんて、何のためにあるのさ？」

　そんなことはぼくは知らない。それより忙しかった。飛行機を直そうとしていたのだ。心配でたまらなかった。修理は難しく、飲み水は底を尽きかけていた。

"Allora le spine a cosa servono?" Il piccolo principe non rinunciava mai a una domanda. Poiché ero preoccupato e irritato, dissi la prima cosa che mi venne in mente:

"Le spine non servono a niente. I fiori hanno le spine perché sono cattivi!"

"Oh!"

Dopo un po' lui rispose con un certo rancore:

"Non ti credo! I fiori sono deboli. Sono ingenui e belli. Cercano di proteggersi come possono. Credono che le spine li terranno al sicuro..."

Non risposi. Non stavo ascoltando. Stavo pensando al mio aeroplano. Ma il piccolo principe continuò:

"E tu, tu credi che i fiori..."

"No! No! Non credo niente! Ho risposto la prima cosa che mi è venuta in mente. Mi occupo di cose serie!"

Mi guardò stupefatto e gridò:

"Cose serie!"

E aggiunse: "Parli come i grandi!"

Mi vergognai un po'. Ma lui continuò: "Non capisci niente!"

Era veramente irritato. Scuoteva al vento i suoi capelli dorati:

■rinunciava > rinunciare (rinunziare) 断念する　■irritato いらいらして　■rancore (m) うらみ　■ingenui > ingenuo 純真　■proteggersi 身を守る　■terranno > tenere 保つ　■stupefatto ぼう然とした　■mi vergognai > vergognarsi 恥ずかしく思う

「だったらトゲは、なんのためにあるのさ？」小さな王子さまは、質問をぜったいにやめないのだ。ぼくは心配で、機嫌がわるかったので、頭にうかんだ最初のことを言った。

「トゲなんて、なんの役にも立ちやしないよ。花は、意地悪だからトゲをつけてるんだ！」

「えっ！」

でもしばらくして、王子さまは怒ったように言った。

「きみの言うことなんか、信じないよ！ 花は弱いんだ。純粋で、美しいんだ。できるだけのことをして自分を守ろうとしているだけなんだよ。トゲが守ってくれると信じているんだ……」

ぼくは答えなかった。聞いてもいなかった。ずっと飛行機のことを考えていたのだ。王子さまがまた言った。

「それじゃ、きみは、きみが考える花は……」

「違う、違う！ ぼくは何にも考えちゃいない！ 思いついたことを言っただけなんだ。大事なことで忙しいんだ！」

王子さまはぼう然としてぼくを見つめ、声をあげた。

「大事なこと！」

そして言った。「きみはおとなみたいな話し方をするんだね！」

ぼくは決まりがわるくなった。でも王子さまは続ける。

「きみは何もわかっちゃいないよ！」

王子さまは、本気で怒っていた。

金色の髪をゆらしながら、

"Conosco un pianeta dove c'è un signore cremisi. Non ha mai annusato un fiore. Non ha mai guardato una stella. Non ha mai voluto bene a nessuno. Non fa altro che addizioni. E tutto il giorno ripete come te: "Sono un uomo importante! Sono un uomo importante!" E si gonfia di orgoglio. Ma lui non è un uomo, è un fungo!"

"Che cosa?"

"Un fungo!"

Il piccolo principe adesso era rosso dalla collera:

"Da milioni di anni i fiori hanno le spine. Eppure è da milioni di anni che le pecore mangiano i fiori. Come puoi dire che non è importante cercare di capire perché i fiori continuano ad avere le spine che non servono a niente? Come puoi dire che non è importante la guerra fra le pecore e i fiori? Non è più importante delle addizioni di un grosso signore rosso? E se io conosco un fiore unico al mondo che non esiste da nessuna altra parte se non sul mio pianeta, e se una piccola pecora può distruggere quel fiore mangiandolo una mattina, senza rendersi conto di quello che ha fatto, non è importante questo?"

Arrossì per poi continuare:

"Se una persona ama un fiore che vive solo su una stella tra milioni e milioni di altre stelle, questo basta a farlo felice quando le guarda. Vede le stelle e dice a se stesso: <Il mio fiore è là in qualche luogo>. Ma se la pecora mangia il fiore, è come se per lui, tutto a un tratto, le stelle si spegnessero. E non è importante questo!"

■cremisi 深紅　■annusato > annusare 香りをかぐ　■addizioni > addizione 足し算
■gonfia > gonfio 膨れた　■orgoglio (m) プライド　■fungo (m) キノコ

「ぼくは、真っ赤な顔のおじさんが住んでいる星を知ってるよ。おじさんは花の香りをかいだこともなければ、星を見上げたこともない。だれかを愛したこともない。足し算以外、何もしない。そしてきみみたいに『おれは重要人物だ！ おれは重要人物だ！』って一日中、言ってるんだよ。自分の重要さで頭が一杯なんだ。でもそんなのは人間じゃない……キノコだ！」

「なんだって？」

「キノコさ！」

王子さまは、怒りで蒼白になった。

「何百万年もの間、花はトゲを生やしてきた。なのに、何百万年もの間、ヒツジは花を食べてきた。花がどうして、守ってもくれないトゲを生やし続けるのか、わかろうとすることが大事じゃないなんて、どうしてきみに言えるの？ ヒツジと花の戦争なんか問題じゃないって、どうして言えるの？ 足し算をしてる赤い顔の太ったおじさんより、大事じゃないって言えるの？ それにぼくは、ぼくは、たった一つしかない、ぼくの星にしか咲かない花を知ってるんだよ……そしてもし小さなヒツジがその花を壊してしまったら、自分のしていることの重大さも知らずにある朝、食べてしまったら——それがなんでもないって言うの？」

続けるうちに、王子さまの顔は薄桃色に染まってきた。

「もしだれかが、何百万もの星の中で、たった一つの星に住む花を愛したら、夜空を見上げるだけで幸せになるよ。星たちを見て、心の中で言うんだ。『ぼくの花は、このどこかにいる……』でももしヒツジがその花を食べてしまったら、突然、星がぜんぶ消えるのと同じじゃないか。それが……それが大事じゃないって言うんだ！」

■collera (f) 怒り　■eppure それでも、にもかかわらず　■arrossì > arrossire 赤面する
■a un tratto 突然　■si spegnessero > spegnersi 消える

Il piccolo principe non riuscì più a proseguire. Scoppiò a piangere. Era caduta la notte. Smisi di fare quello che stavo facendo. Me ne infischiavo del mio aeroplano, o della mia fame o persino della possibilità di morire. C'era, su una stella, su un pianeta, questo pianeta, il mio pianeta, la Terra, un piccolo principe infelice! Lo presi tra le braccia. Lo tenni stretto a me. Gli dissi: "Il fiore che ami non è in pericolo... Disegnerò qualcosa per proteggere il tuo fiore... Io..." Non sapevo bene cosa dirgli. Mi sentivo molto inutile. Non sapevo come raggiungerlo... Il paese delle lacrime è così misterioso.

 # Capitolo VIII

Imparai ben presto a conoscere meglio questo fiore. Sul pianeta del piccolo principe c'erano sempre stati fiori molto semplici. Avevano una sola fila di petali. Apparivano un mattino e scomparivano la sera. Ma questo fiore speciale era spuntato da un seme venuto chissà da dove. Il piccolo principe aveva guardato con attenzione questa pianta insolita che cominciava a crescere. Non assomigliava a nessun'altra pianta. Poteva essere una nuova specie di baobab. Poi questa nuova pianta cominciò a preparare un fiore. Il piccolo principe immaginò che questo fiore sarebbe stato qualcosa di speciale. Ma il fiore non era

■proseguire 続ける　■me infischiavo > infischiarsi 気にしない　■persino = perfino
～にいたるまで　■braccia > braccio (m) 腕　■inutile 役に立たない

　小さな王子さまは、それ以上何も言えなかった。泣いて、泣いて、泣きとおした。夜になっていた。ぼくはやっていたことをぜんぶやめた。飛行機も、空腹も、死ぬかもしれないことさえ、どうでもよかった。ある星の、惑星の上に——いや、この惑星、ぼくの惑星、この地球に——不幸せな、小さな王子さまがいるのだ！　ぼくは王子さまを抱きよせた。抱きしめて、言った。「きみの愛している花は危ない目になんか遭ってないよ……きみの花を守れるように、何か描いてあげる……ぼく……」なんと言っていいか見当もつかなかった。自分の無力さをいたいほど感じた。どうやったら王子さまの心にとどくのか、わからなかった……。涙の国は、あまりにも遠かった。

第 8 章

　まもなくぼくは、この花についてもっと知ることになった。小さな王子さまの惑星では、いつも単純な花しか生えたことがなかった。花びらは一重で、ある朝、咲いたかと思うと、夕方にはしぼんでいた。でもこの特別な花は、種の時、どこか他の場所から来たに違いない。王子さまは、この変り種が成長するにつれ、注意深く見守った。ほかのどの植物とも違うらしい。新種のバオバブかもしれなかった。ある日、つぼみをつけた。小さな王子さまは、とびきりの花が咲くのだろうと思った。でも花の方では、一向に開く気配がなかった。お支度がすんでいないのだ。花は、身にまとう色彩を注意深く選び、ゆっくりと衣装をととのえた。最高に美しいところを披露しなければ。

■raggiungerlo > raggiungere 届く　■lacrime > lacrima (f) 涙　■spuntato > spuntare 生える

ancora pronto a schiudersi. Non la smetteva di farsi bello. Sceglieva con cura i suoi colori. Si vestiva lentamente. Voleva apparire nel pieno splendore della sua bellezza. Eh sì, era molto vanitoso! La sua preparazione durò giorni e giorni. E poi infine, un mattino, proprio all'ora del levar del sole, il fiore si schiuse.

Dopo questa attenta preparazione, disse:

"Oh! Non sono ancora del tutto sveglio... Mi devi scusare... Non sono ancora pronto..."

Il piccolo principe non riuscì a frenare la sua ammirazione. Gridò: "Come sei bello!"

"Vero?" rispose dolcemente il fiore. "E sono nato insieme al sole..."

Il piccolo principe poté vedere che non era troppo modesto. Ma era così bello e delicato!

"Credo sia l'ora della mia colazione," gli disse. "Se tu potessi essere così gentile da..."

E il piccolo principe, sentendosi confuso, riempì un innaffiatoio con dell'acqua fresca e servì al fiore la sua colazione.

Il fiore incominciò a tormentarlo con la sua vanità. Un giorno, ad esempio, parlando delle sue quattro spine, il fiore disse al piccolo principe:

⭐

■schiudersi 開く　■con cura 気をつけて　■apparire 現れる　■vanitoso うぬぼれの強い　■frenare 抑える　■ammirazione (f) 賛美　■riempì > riempìre 満杯にする　■tormentarlo > tormentare 苦しめる

そう、とてもうぬぼれが強かったのだ！ 準備
は、何日も何日もかかった。そしてついにあ
る朝、ちょうど太陽が昇るころ、花は開いた。

　あれだけ念入りに準備したのに、花はこう
言った。
　「あら！ まだちゃんと目が覚めていません
のよ……失礼いたしますわ……ご覧いただく
ような状態じゃ、ございませんことよ……」
　小さな王子さまは、思わず叫んだ。
　「なんて美しいんだろう！」
　「そうでしょう？」花はやさしく答えた。
「わたくし、朝日が昇る瞬間に生まれましたのよ……」
　うぬぼれの強い花だということは、王子さまにもわかった。でも、こんな
に美しくて繊細なのだ！
　「わたくしの朝ごはんの時間だと思いますわ」花は王子さまに言った。「も
しよろしければ……」
　きまりわるくなって王子さまは、じょうろに冷たい
水を一杯入れ、花に朝ごはんをあげた。
　花はすぐ、見栄をはっては王子さま
を困らせ始めた。たとえばある日、バラ
の４つのトゲの話をしていたときだっ
た。こう言った。

61

"Possono venire le tigri. Non ho paura dei loro artigli!"

"Non ci sono tigri sul mio pianeta", obiettò il piccolo principe.

"E poi le tigri non mangiano l'erba."

"Io non sono un'erba," aveva dolcemente risposto il fiore.

"Scusami..."

"Non ho paura delle tigri. Ma le correnti d'aria non fanno bene alla mia salute. Non hai per caso un paravento?"

"Le correnti d'aria non fanno bene alla sua salute...insolito per una pianta," pensò il piccolo principe. "È molto complicato questo fiore..."

"Alla sera mi metterai al riparo sotto una campana di vetro. Fa molto freddo qui dove vivi. Da dove vengo io..."

Ma si interruppe. Era arrivato sotto forma di seme sul pianeta del piccolo principe. Non poteva conoscere nulla degli altri pianeti. Sentendosi umiliato per essersi lasciato sorprendere a dire una bugia così ingenua, tossì due o tre volte:

"E questo paravento?"

"Stavo per andare a cercarlo ma continuavi a parlare!"

Allora il fiore tossì di nuovo per fargli sentire dei rimorsi.

「トラでもなんでも来るがいいわ。カギ爪なんて、怖くない！」

「ぼくの星にトラはいないよ」王子さまは指摘した。「どっちにしても草を食べないし」

「わたくしは草ではありませんわ」花は甘っ
たるく言った。

「ごめん……」

「トラなんか怖くないことよ。でも、冷たい空
気はわたくしの体によくありませんわ。風除け
をお持ち？」

「冷たい空気が体にわるいなんて……植物な
のにめずらしい」小さな王子さまは思いまし
た。「この花はだいぶ気難しいんだな……」

「毎晩、ガラスのケースをかぶせて暖かくしてくださいな。あなたの星は
とても寒いんですもの。私が生まれ育ったところでは……」

花は口をつぐんだ。王子さまの星には種のときに来たのだ。他の星のこと
なんか、知っているはずがない。ばかな嘘が見え見えになって花は怒り、2、
3回咳をした。

「風除けはお持ちかしら？」

「今、探しに行こうとしたんだけど、きみが話しかけてきたから！」

花は、王子さまにやっぱりすまなかったと思わせようとして、また咳をし
た。

■artigli > artiglio かぎ爪　■obiettò > obiettare 反論する　■correnti > corrente (f)
流れ　■campana (f) 釣り鐘型のふた　■vetro (m) ガラス　■si interruppe >
interrompersi 中断する　■umiliato 自尊心が傷つく　■bugia (f) 嘘　■tossì >
tossicchaire 咳をする

Così il piccolo principe iniziò a dubitare del fiore che amava. Si era fidato di quello che il fiore aveva detto, e adesso era infelice.

"Non avrei dovuto ascoltarlo," mi confidò un giorno. "Non bisogna mai ascoltare quello che dicono i fiori. Basta guardarli e respirarli. Il mio fiore aveva reso tutto il mio pianeta bello, ma non riuscivo a gioirne. Avrei dovuto essere più gentile con lui..."

Continuò:

"Allora non ho capito niente! Avrei dovuto giudicarlo dagli atti e non dalle parole. Illuminava il mio mondo. Non sarei mai dovuto partire! Avrei dovuto vedere la dolcezza dietro i suoi giochi sciocchi. I fiori sono così complessi! Ma ero troppo giovane per saperlo amare."

★
■dubitare 疑う ■fidato > fidare 信じる ■mi confidò > confidarsi 打ち明ける
■atti > atto (m) 行為 ■complessi > complesso ややこしい

　こうして、王子さまは、愛する花を疑うようになった。花が言うことをずっと信じてきたけれど、今は不幸せだった。

　「花の言うことなんか、聞いちゃいけなかったんだ」ある日、王子さまはぼくに言った。「花が何か言っても、信じるものじゃない。花というのは、ながめて、香りをかぐだけにするのが一番いいんだ。花のおかげでぼくの星全体が美しくなったのに、ぼくはそれを楽しめなかった。もっとやさしくするべきだったんだ……」

　王子さまは続けて言った。

　「ぼくは、この花のことが本当はわかっていなかったんだ！　花の言うことじゃなく、することで判断すべきだったんだ。花は、ぼくの世界を美しくしてくれた。ぼくは花のそばを離れるべきじゃなかったんだ！　ばからしい駆け引きの奥にあるやさしさに気付くべきだったんだ。花というのは、どれも本当にてこずるものだ！　ぼくはあまりに子どもで、どうやって花を愛したらいいか、わからなかったんだ」

覚えておきたいイタリア語表現

> A volte si può aspettare e rimandare un lavoro. Ma se si tratta dei baobab, aspettare comporta seri problemi. (p.46, 下から4–2行目)
>
> 待ってみて、あとからやっても遅くない作業もある。でもバオバブが相手のときは、待っていたら大変なことになるんだ。

【解説】「〜の時もあるが、〜の場合は違う」と言いたい場合は、まず A volte〜（時には〜）と言ってから、Ma se〜「しかし、もし〜なら」と続けることができます。

> Poiché ero preoccupato e irritato, dissi la prima cosa che mi venne in mente. (p.54, 2–3行目)
>
> ぼくは心配で、機嫌がわるかったので、頭にうかんだ最初のことを言った。

【解説】poiché（やや文章語）「〜なので、〜だから」の類義語に perché がありますが、poiché で始まる従属節は、主節よりも前に置かれる場合が多いです。

【例文】
① Poiché era tardi, non volsi uscire.
　　遅かったので、私は外出しようとしなかった。
② Siamo preoccupati perché non ci telefoni.
　　君が電話してこないので、私たちは心配しています。

> Le spine non servono a niente. (p.54, 4行目)
>
> トゲなんて、なんの役にも立ちゃしないよ。

【解説】servono「給仕する」は動詞 servire の三人称複数形。servire a〜 で「〜の役に立つ」という意味になります。

【例文】
① Ho chiesto alla mia nonna come servire gli ospiti a tavola.
　　私は祖母にどうやってテーブルの招待客に応対すればいいか尋ねた。
② Questo pulsante serve ad aprire la porta.
　　このボタンを押すとドアが開きます。

Come puoi dire che non è importante cercare di capire perché i fiori continuano ad avere le spine che non servono a niente? (p.56, 10–12行目)
花がどうして、守ってもくれないトゲを生やし続けるのか、わかろうとすることが大事じゃないなんて、どうしてきみに言えるの？

【解説】Come puoi dire che...? は、「どうして…なんて言えるの？」と、相手の発言に強い疑問を呈するときに使う表現です。なお、dire の代わりに別の動詞を用いると、「なぜ…できるのか」という反語表現になります。

【例文】
① Come puoi dire che non ti aiuto mai? Stasera ho fatto tutto io!
どうして僕が君を手伝わないなんて言えるの？　今夜は僕が全部作ったよ！

② Come puoi lavorare con lui?
どうして彼と一緒に働けようか（彼とは一緒に働けない）。

E se io conosco un fiore unico al mondo che non esiste da nessuna altra parte se non sul mio pianeta. (p.56, 14–15行目)
ぼくは、たった一つしかない、ぼくの星にしか咲かない花を知ってるんだよ……。

【解説】「唯一の、一つだけの」の意味の形容詞に unico があります。

【例文】
① Anna, sei l'unica su cui possa contare.
アンナ、僕が当てにできるのは君だけだ。

② La famiglia è l'unica cosa che conta per me.
私にとって大事なのは家族だけです。

È molto complicato questo fiore... (p.62, 9行目)
この花はだいぶ気難しいんだな……。

【解説】complicato には「（物理的に）複雑な」という意味のほか、文中のように「（性格が）気難しい」や「（状況が）やっかいな」といった意味もあります。

【例文】
① La mia fidanzata è proprio una donna complicata.
私の恋人はほんとうに気難しい女性です。

② Era una situazione complicata e mi ha tormentato per molto tempo.
それはやっかいな状況だったので、長い間忘れることができなかった。

Non poteva conoscere nulla degli altri pianeti. （p.62, 下から6行目）
他の星のことなんか、知っているはずがない。

【解説】イタリア語の「知っている」には他に sapere があります。

❏ conoscere 　人やものを知っている。後ろには名詞がくる。
　Conosco suo nonno. 彼のおじいさんを知っています。

❏ sapere
　（１）事実や事柄を知っている。後ろには接続詞 che に導かれる節または名詞がくる。
　（２）sapere ＋不定詞で、「～できる」

【例文】
　① Sono rimasto scioccato quando ho saputo la notizia ieri.
　　昨日そのニュースを知ってショックを受けました。
　② So che le circonstanze non sono le migliori.
　　最良の状況でないことは承知しています。

Avrei dovuto giudicarlo dagli atti e non dalle parole. （p.64, 下から4–3行目）
花の言うことじゃなく、することで判断すべきだったんだ。

【解説】avrei dovuto で「～するべきだった」という反省・後悔の気持ちを表現できます。
non avrei dovuto～で「～すべきではなかった」の意味になります。

　Non avrei dovuto ascoltarlo. （p.64, 3行目）
　花の言うことなんか、聞いちゃいけなかったんだ。

【例文】
　① Avrei dovuto vedere la dolcezza dietro i suoi giochi sciocchi. （p.64, 10行
　　目）　ばからしい駆け引きの奥にあるやさしさに気付くべきだったんだ。
　② Non giudicare un libro dalla sua copertina.
　　外見で中身を判断してはならない。

Ma ero troppo giovane per saperlo amare. (p.64, 最終行)
ぼくはあまりに子どもで、どうやって花を愛したらいいか、わからなかったんだ。

【解説】troppo〜per…「…するには〜すぎる」は、英語で言うところの *too*〜*to*…構文です。

【例文】

La vita è troppo preziosa per sprecarla.
人生は非常に貴重なので無駄づかいはできない。

tanto〜che…の形で、英語の *so*〜*that*…構文に書き換えることもできます。

La vita è tanto preziosa che non si può sprecarla.

Parte 3

---- ✳ ----

Capitolo 9-12

Capitolo IX

Credo siano stati degli uccelli selvatici ad aiutare il piccolo principe a lasciare il suo pianeta. Il mattino della sua partenza lo mise bene in ordine. Pulì accuratamente i vulcani in attività. C'erano due vulcani in attività. Erano molto utili per scaldare la colazione del mattino. E possedeva anche un vulcano spento. Ma come lui diceva, "Non si sa mai!" e così pulì anche il vulcano spento. Se sono puliti, i vulcani bruciano piano piano, senza causare problemi.

Il piccolo principe strappò anche gli ultimi germogli di baobab. Era triste perché credeva di non ritornare più. Quando si preparò a mettere il suo fiore per l'ultima volta sotto la campana di vetro, aveva una gran voglia di piangere.

"Addio," disse al fiore.

Ma il fiore non rispose.

"Addio," disse di nuovo.

Il fiore tossì. Ma non tossì perché era raffreddato.

■scaldare あたためる　■bruciano > bruciare 燃える

第9章

　野生の鳥たちが、王子さまが星を離れるのを助けてくれたらしい。出発の朝、王子さまは星をきれいに整えた。活火山を注意深く掃除した。活火山は二つあって、朝ごはんの支度に重宝したものだった。休火山もあった。でも王子さまは、「わからないからね！」と言っては掃除をしていた。
きれいに掃除できているかぎり、火山は静かに燃えて、
問題を起こさなかった。

　新しく出てきたバオバブの若芽も抜いた。
この星には二度と戻らないとわかっていたの
で、王子さまは悲しくなった。最後にもう一回
だけ、ガラスのケースをバラにかぶせる準備
をしたとき、王子さまは泣きたかった。
　「さよなら」王子さまは花に言った。
　花は答えなかった。
　「さよなら」もう一度、
言ってみた。
　花は咳をした。寒いか
らではなかった。

"Sono stato uno sciocco," disse alla fine. "Mi dispiace per come mi sono comportato. Cerca di essere felice."

Il piccolo principe fu sorpreso che non fosse arrabbiato con lui per la sua partenza. Rimase fermo. Non sapeva cosa fare. Non capiva quella calma dolcezza.

"Ti voglio bene," gli disse il fiore. "Ma tu non l'hai mai saputo per come mi sono comportato. Questo non ha importanza adesso. E sei stato sciocco quanto me. Cerca di essere felice... Non preoccuparti della campana. Non la voglio più."

"Ma il vento..."

"Non sono così debole... L'aria fresca della notte mi farà bene. Sono un fiore."

"Ma le bestie..."

"Se voglio conoscere le farfalle, devo sopportare qualche bruco. Sembra che le farfalle siano molto belle. Altrimenti chi verrà a farmi visita? Tu sarai lontano. E non ho paura delle bestie. Ho le mie spine."

E mostrò ingenuamente le sue quattro spine. Poi aggiunse:

"Non indugiare così. Hai deciso di partire, allora vattene."

Non voleva che lo vedesse piangere. Era un fiore molto orgoglioso.

■sciocco ばか ■mi comportato > comportarsi ふるまう ■sopportare 耐える
■altrimenti さもなければ ■indugiare ぐずぐずする

「わたくし、ばかでしたわ」とうとう花が言った。「あんな仕打ちをしてごめんなさいね。幸せになってね」

小さな王子さまは、自分が去ることで花が怒っていないのに驚いた。王子さまは立ち尽くした。どうしてよいか、わからなかった。花がどうしておっとりと優しいのか、わからなかった。

「あなたを愛しているわ」花は言った。「でもあなたは知らなかったのよね。わたくしの仕打ちのせいで。でももう、どうでもいいことよ。あなたもわたくしとおなじくらいばかだったのよ。幸せになってね。ケースのことは心配しないで。もういらないの」

「でも冷たい夜の空気が……」

「わたくし、そこまで弱くありませんわ……。新鮮な夜気は体にいいのよ。わたくしは花ですもの」

「でも野生の動物が……」

「蝶々に会いたければ、毛虫の一つや二つ、我慢しなければ。蝶々ってとても綺麗だって聞いたことがあるわ。それに、他にだれが訪ねてきてくれるっていうの？ あなたは遠くへ行ってしまう。野生動物なんて、恐くないわ。トゲがあるんですもの」

花は無邪気に４つのトゲを見せた。そして言った。

「突っ立っていないでくださいな。行くと決めたんでしょう。お行きなさいよ」

王子さまに、泣くところを見られたくなかったのだ。ほんとうにプライドの高い花だった……。

Capitolo X

Il piccolo principe si trovava vicino agli asteroidi 325, 326, 327, 328, 329 e 330. Decise di fare loro visita. Voleva saperne di più. Inoltre, voleva trovare qualcosa da fare.

Sul primo asteroide viveva un re. Il re sedeva su un trono semplice ma bello e indossava un meraviglioso vestito color porpora.

"Ah! Ecco un suddito!" esclamò il re quando vide il piccolo principe.

E il piccolo principe si domandò:

"Come fa a sapere chi sono? Non mi ha mai visto prima."

Non sapeva che per i re il mondo è molto semplificato. Tutti gli uomini sono dei sudditi.

"Avvicinati così posso vederti meglio," disse il re. Finalmente aveva un suddito di cui essere orgoglioso.

Il piccolo principe cercò con gli occhi un posto dove potersi sedere. Ma il pianeta era occupato dall'abito del re, per cui dovette rimanere in piedi. E poiché era stanco, sbadigliò.

■inoltre 加えて ■trono (m) 王座 ■meraviglioso みごとな ■suddito (m) 臣下 ■semplificato 単純化された ■avvicinati > avvicinarsi 近寄る ■sbadigliò > sbadigliare あくびをする

第10章

　小さな王子さまは、小惑星325、326、327、328、329、330のそばに来ていた。一つずつ、見て回ろうと決めた。星のことを知りたかったし、何かすることを見つけたかったのだ。

　最初の小惑星には、王さまが住んでいた。王さまは素晴らしい紫のローブを着て、シンプルで、でも美しい王座にすわっていた。

　「ほほう、臣民が来たわい！」小さな王子さまを見て、王さまは叫んだ。

　小さな王子さまは心の中で思った。

　「ぼくが何者だって、どうしてわかるんだろう？　今までぼくを見たこともなかったのに」

　小さな王子さまは、王さまというものにとって、世界は非常に単純明快なところだと知らなかったのだ。なにしろ人間はみんな自分の臣民なのだから。

　「もっとよく見えるように近寄ってまいれ」王さまは言った。ついに臣民ができたので、とても誇らしかったのだ。

　小さな王子さまはすわる場所を探した。でも星中が王さまのローブで一杯だったので、立ったままでいた。疲れていたので、あくびが出た。

Il re gli disse:

"Non è permesso sbadigliare in presenza di un re. Ti ordino di smettere di sbadigliare."

"Non posso farne a meno," rispose il piccolo principe, confuso. "Ho fatto un lungo viaggio e non ho dormito..."

"Allora," disse il re, "ti ordino di sbadigliare. Sono anni che non vedo qualcuno sbadigliare. Gli sbadigli mi interessano. Avanti! Sbadiglia ancora. È un ordine."

"Mi avete intimidito... Non posso più sbadigliare," disse il piccolo principe, arrossendo.

"Hum! Hum!" disse il re. "Allora io... Ti ordino di sbadigliare un po' e un po'..."

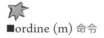
■ordine (m) 命令

王さまは言った。

「王さまの前であくびをするのは許されておらん。あくびをやめるように命令するぞ」

「つい、出てしまったんです」小さな王子さまは、申し訳なく思いながら答えた。「長い旅をして来て、寝ていないんです……」

「それならば」王さまは言った。「あくびをするよう命ずるぞ。あくびをするところを何年も見ていないからな。あくびは面白い。そら！ もう一度、あくびをせい。これは命令だぞ」

「それでは決まりがわるくて……。もうあくびはできません」赤くなりながら、小さな王子さまは言った。

「ふむ！ ふむ！」王さまは言った。「では……、では時々あくびをするように命令するぞ。そしてまた時々は……」

Smise di parlare. Sembrò seccato.

Soprattutto il re voleva essere certo che il suo potere fosse totale. Era un monarca assoluto e non tollerava la disobbedienza. Ma siccome era molto sensibile, i suoi ordini erano sempre ragionevoli.

"Se ordinassi al mio generale di trasformarsi in un uccello e se il generale non obbedisse, non sarebbe colpa del generale. Sarebbe colpa mia."

"Posso sedermi?" chiese il piccolo principe.

"Ti ordino di sederti," rispose il re. Spostò con attenzione il suo mantello porpora.

Il piccolo principe fu sorpreso. Il pianeta era molto piccolo. Su cosa governava il re?

"Sire," gli disse, "scusatemi se vi interrogo..."

"Ti ordino di interrogarmi," si affrettò a rispondere il re.

"Sire... su che cosa regnate?"

"Su tutto," rispose il re.

"Su tutto?"

Il re con un gesto indicò il suo pianeta, gli altri pianeti e tutte le stelle.

"Su tutto questo?" disse il piccolo principe.

"Su tutto questo..." rispose il re.

■seccato 腹を立てる ■soprattutto 何よりも ■monarca (m) 君主 ■assoluto 完全な ■tollerava > tollerare 耐えられない ■disobbedienza (f) 不服従 ■ragionevoli > ragionevole 理性的 ■obbedisse > obbedire 従う ■regnate 治める

王さまはしゃべるのをやめてしまった。不機嫌そうだった。

王さまの一番の望みは、完全な権力を持っているといつも実感できることだった。王さまの支配は完全で、疑問の余地がないものだった。でも、王さまはとても賢明だったので、出す命令はいつも筋の通ったものだった。

「もしわしが将軍に鳥に姿を変えよと命令したとして、将軍が従わなかったら、それは将軍がわるいのではない。わしがわるいのだ」

「すわってもいいでしょうか」小さな王子さまはたずねた。

「すわるよう、命令するぞ」王さまは答え、気をつけながら紫のローブをずらした。

でも小さな王子さまはびっくりした。この星は本当に小さかったのだ。王さまは何を治めているのだろう。

「陛下」小さな王子さまは言った。「こんなことをおたずねするのをお許しください……」

「たずねるよう、命令するぞ」王さまは急いで言った。

「陛下……、陛下はいったい何を治めていらっしゃるのですか」

「すべてだ」王さまは答えた。

「すべて？」

王さまは手を振って、自分の惑星、他の惑星、それからすべての星々を指した。

「これをぜんぶ？」

「これをぜんぶだ……」王さまは答えた。

Perché non era solo un monarca assoluto, ma un monarca universale.

"E le stelle vi ubbidiscono?"

"Certamente," gli disse il re. "Mi ubbidiscono in pieno. Non consentirei loro di disobbedirmi."

Un tale potere meravigliò il piccolo principe. Se l'avesse avuto lui, avrebbe potuto assistere non a quarantaquattro ma a settantadue, o anche a centro, o a duecento tramonti nella stessa giornata, senza dover spostare mai la sedia! E sentendosi un po' triste al pensiero del suo piccolo pianeta che aveva abbandonato, decise di chiedere una grazia al re:

"Vorrei tanto vedere un tramonto... Mi fareste questo piacere? Ordinate al sole di tramontare..."

"Se ordinassi a un generale di volare da un fiore all'altro come una farfalla e il generale non eseguisse i miei ordini, chi avrebbe torto, lui o io?"

"L'avreste voi," disse con fermezza il piccolo principe.

"Esatto. Come re devo ordinare a ogni suddito quello che lui può fare," disse il re. "L'autorità deriva dalla ragione. Se ordinassi ai miei sudditi di gettarsi in mare, si ribellerebbero alla mia volontà. Ho il diritto di governare in quanto re perché i miei ordini sono ragionevoli."

■ubbidiscono > ubbidire 従う ■in pieno 完全に ■consentirei > consentire 認める ■tale それほどの ■meravigliò > meravigliare 驚かせる ■sentendosi > sentirsi 感じる ■abbandonato > abbandonare 置きざりにする ■torto (m) 過ち ■con fermezza きぜんと ■autorità (f) 権威 ■gettarsi 身を投げる ■si ribellerebbero > ribellarsi 反乱を起こす ■volontà (f) 意志 ■diritto (m) 権利 ■governare 治める

　王さまの支配というのは、完全なだけでなく、すべてのものに及ぶのだったから。

「星たちも王さまの命令に従うのですか」

「もちろんだ」王さまは言った。「星たちはわしの言うことを完ぺきに聞くぞ。従わないなどと、許さん」

　あまりにも強大な権力に、小さな王子さまはショックを受けた。もしそんな権力が自分にあったら、日の入りを、1日に44回だけでなく、72回、100回、いや200回でも、椅子も動かさずに見ることができただろう。小さな王子さまは、あとに残してきた自分の小さな星のことを考えてなんだか悲しくなった。そして王さまにお願いをすることにした。

「日の入りが見たいのです……。かなえてくださいますか？ 日の入りを起こしてください……」

「もしわしが将軍に、蝶のように花から花へと飛び回るよう命令したとして、将軍が従わなかったら、それはだれがわるいのじゃ——将軍か、わしか？」

「王さまがわるいことになります」小さな王子さまはきっぱりと答えた。

「そのとおりじゃ。王さまとして、わしは臣民一人ひとりができることを命令せねばならん」王さまは言った。「わしの権力はわしの理性の賜物じゃ。わしが臣民に海に飛び込むよう命令したら、やつらは反乱を起こすであろう。わしは筋の通った命令をするから、王さまとして治める権利があるのだぞ」

"E allora il mio tramonto?" gli ricordò il piccolo principe, che non si dimenticava mai di una domanda quando l'aveva fatta.

"L'avrai il tuo tramonto. Lo esigerò. Ma aspetterò che le condizioni siano favorevoli."

"E quando lo saranno?" si informò il piccolo principe.

"Hem! Hem!" gli rispose il re. Consultò un grosso calendario.

"Hem! Hem! Sarà verso... verso... questa sera intorno alle sette e quaranta! E vedrai come i miei ordini saranno rispettati."

Il piccolo principe sbadigliò. Desiderava avere il suo tramonto. E stava cominciando ad annoiarsi.

"Non ho più niente da fare qui," disse al re. "Me ne vado!"

"Non partire," rispose il re, che era tanto fiero di avere un suddito. "Non partire, ti farò ministro!"

"Ministro di cosa?"

"Di... della giustizia!"

"Ma se non c'è nessuno da giudicare!"

"Non si sa mai," disse il re. "Non ho ancora visto tutto il mio regno. Sono molto vecchio. Non ho un mezzo con cui spostarmi e mi affatico a camminare."

"Oh! Ma l'ho già visto io," disse il piccolo principe. Diede un'occhiata sull'altro lato del pianeta. "Non c'è nessuno nemmeno lì."

■esigerò > esigere 要請する　■consultò > consultare 参照する　■intorno 辺り
■rispettati > rispettare 尊重される　■annoiarsi 退屈する　■fiero di ～が自慢の
■giudicare 裁く　■spostarmi > spostarsi 移動する　■mi affatico > affaticarsi 疲れる
■lato (m) 側面　■nemmeno ～さえない

「日の入りはどうなるのでしょうか？」小さな王子さまはたずねた。一度聞いた質問は絶対に忘れないのだ。

「日の入りは見せてやろう。わしが命令する。しかし、条件が整うまで待つとしよう」

「それはいつになりますか」小さな王子さまは聞いた。

「えへん！　えへん！」王さまは答えた。大きなカレンダーを見て、「えへん！　えへん！　それはだいたい……だいたい……、それはだな、今晩の7時40分ごろであろう！　わしの命令がどれだけきちんと実行されているか、見るがよいぞ」

小さな王子さまはあくびをした。日の入りが見たかった。それに、退屈だった。

「ここでは、他にすることもありません」小さな王子さまは王さまに言った。「もう行くことにします！」

「行ってはならん」王さまは答えた。臣民がいるのが得意でならなかったのだ。「行ってはならん——お前を大臣にしよう！」

「何の大臣ですか？」

「その……、司法大臣じゃ！」

「でもここには、裁く相手がいないじゃありませんか！」

「それはわからんぞ」王さまは言った。「わしも王国すべてをまだ見ておらん。わしは高齢で、旅行の手段がないし、歩くと疲れるのでな」

「ああ！　でもぼくはもう見ました」小さな王子さまは言った。惑星の裏側をのぞいてみた。「あちら側にも、だれも住んでいませんよ」

"Allora giudicherai te stesso," disse il re. "È la cosa più difficile. È molto più difficile giudicare se stessi che gli altri. Se riesci a giudicarti bene, significa che sei un vero saggio."

"Io posso giudicarmi ovunque," disse il piccolo principe. "Non ho bisogno di abitare qui."

"Hem! Hem!" disse il re. "Credo che da qualche parte sul mio pianeta ci sia un vecchio topo. Lo sento durante la notte. Potrai giudicare questo vecchio topo. Lo condannerai a morte di tanto in tanto. Ma lo grazierai ogni volta. Non dobbiamo esagerare. Ce ne è solo uno."

"Non mi piace l'idea di condannare qualcuno a morte," disse il piccolo principe. "Preferisco andarmene."

"No," disse il re.

Ma il piccolo principe non voleva fare arrabbiare il vecchio re:

"Vostra Maestà potrebbe darmi un ordine ragionevole. Per esempio, potrebbe ordinarmi di partire prima che sia passato un minuto. Credo che le condizioni siano favorevoli..."

Il re non rispose. Il piccolo principe esitò un momento. E poi, con un sospiro, abbandonò il pianeta del re.

"Ti nomino mio ambasciatore," si affrettò a gridargli dietro il re.

Aveva un'aria di grande autorità.

"Sono strani i grandi," si disse il piccolo principe durante il viaggio.

■significa > significare 意味する ■saggio (m) 賢人 ■condannerai > condannare 有罪にする ■tanto in tanto ときたま ■grazierai > graziare 恩赦にする ■esagerare 度を越す ■sospiro (m) ため息 ■nomino > nominare 指名する ■ambasciatore (m) 大使 ■si affrettò > affrettarsi 急ぐ

「それでは、自分を裁くのじゃ」王さまは言った。「これが一番難しい。自分を裁くのは他人を裁くよりずっと難しいのじゃぞ。自分を裁くことができれば、それは非常に賢いやつじゃ」

「自分を裁くのは、どこにいてもできます」小さな王子さまは言った。「ここに住んでいなくてもできることです」

「えへん！　えへん！」王さまが言った。「わしの惑星のどこかに、年寄りのネズミが住んでおるはずじゃ。夜になったら聞こえるからな。この年寄りネズミを裁判にかけるのじゃ。時々、死刑を宣告するがよい。だがその度に、生かしておくのじゃぞ。やりすぎてはいかん。やつ１匹しかいないのじゃからな」

「だれかを死刑にするなんて、嫌です」小さな王子さまは言った。「ぼく、もう行かなきゃ」

「だめじゃ」王さまは言った。

小さな王子さまは、年老いた王さまを怒らせたくなかった。

「陛下、一つ、筋の通った命令をくださるのはいかがでしょう。たとえば、１分以内にここを去るという命令を。条件も整っているかと思いますが……」

王さまは答えなかった。小さな王子さまはもう少し待ってみて、ため息をつきながら、王さまの惑星を去った。

「お前を大使に任命するぞ」王さまは急いで叫んだ。

権力者のような口ぶりだった。

「おとなって、かなり変わってるんだなあ」去りながら、小さな王子さまは思った。

Capitolo XI

Il secondo pianeta era abitato da un vanitoso.

"Ah! Ecco la visita di un ammiratore!" gridò il vanitoso appena vide il piccolo principe.

Per i vanitosi tutti gli altri uomini sono degli ammiratori.

"Buongiorno," disse il piccolo principe. "Che buffo cappello avete!"

"É per salutare," gli rispose il vanitoso. "È per salutare quando le persone mi acclamano. Sfortunatamente, non passa mai nessuno da queste parti."

"Ah sì," disse il piccolo principe che non capiva.

"Batti le mani l'una contro l'altra," disse il vanitoso.

Il piccolo principe batté le mani l'una contro l'altra. Il vanitoso salutò sollevando il cappello.

"È più divertente della visita al re," si disse il piccolo principe. E ricominciò a battere le mani l'una contro l'altra. Il vanitoso ricominciò a salutare sollevando il cappello.

Dopo cinque minuti di questo esercizio, il piccolo principe si stancò.

"Perché sollevi il cappello?" gli chiese.

■vanitoso みえ坊　■ammiratore (m) 賛美者　■acclamano > acclamare 喝采を送る
■batti > battere たたく　■sollevando > sollevare 持ち上げる　■ricominciò >
ricominciare 再び始める

第11章

　2つ目の惑星には、とてもうぬぼれの強い
男が住んでいた。

　「ははあ、ファンが来たぞ！」小さな王子さ
まを見かけたとたん、彼は叫んだ。

　うぬぼれ屋には、だれもがファンに見えるのだ。

　「おはよう」小さな王子さまは言った。「変わった帽子をかぶってるね」

　「この帽子はご挨拶用なのさ」うぬぼれ屋は言った。「人が誉めそやしてく
れるときに、この帽子をちょいと持ち上げるのさ。不幸なことに、ここまで
やってくる人はいないがね」

　「ほんとう？」小さな王子さまは言った。わけがわからなかったのだ。

　「手をたたいてごらん」うぬぼれ屋は言った。

　小さな王子さまは手をたたいた。うぬぼれ屋は帽子を片手で持ち上げて、
挨拶した。

　「こっちのほうが、王さまのところより面白そうだぞ」小さな王子さまは
心の中で思った。そして、さらに拍手をした。うぬぼれ屋はまた、帽子を持
ち上げて挨拶した。

　5分ほど手をたたき続けたら、小さな王子さまは飽きてしまった。

　「どうして帽子を持ち上げて挨拶するの？」小さな王子さまはたずねた。

Ma il vanitoso non lo intese. I vanitosi non sentono altro che le lodi.

"Mi ammiri molto, veramente?" domandò al piccolo principe.

"Cosa vuol dire ammirare?" disse il piccolo principe.

"Ammirare vuol dire che mi consideri l'umo più bello, più elegante, più ricco e più intelligente di tutto il pianeta."

"Ma tu sei solo sul tuo pianeta!"

"Fammi questo piacere, ammirami lo stesso!"

"Ti ammiro," disse il piccolo principe, che non capiva. "Ma perché è così importante per te?"

E il piccolo principe lasciò il pianeta.

"Sono davvero strani i grandi," si disse mentre continuava il suo viaggio.

 Capitolo XII

Il pianeta appresso era abitato da un ubriacone. La visita del piccolo principe a questo pianeta fu molto breve ma immerse il piccolo principe in una grande malinconia.

"Che cosa fai qui?" chiese all'ubriacone. L'ubriacone aveva molte bottiglie davanti a lui. Alcune bottiglie erano vuote ed altre erano piene.

■intese > intendere 聞く　■lodi > lode (f) 賛辞　■lo stesso いずれにしても
■appresso 次の　■ubriacone (m) 大酒飲み　■immerse > immergere 浸す、つかる
■malinconia (f) 憂うつ　■vuote > vuoto からっぽ

　けれど、うぬぼれ屋には小さな王子さまの声が聞こえなかった。うぬぼれ屋というのは、称賛以外は耳に入らないのだ。

　「きみは、本当におれを称賛してる？」彼は小さな王子さまにたずねた。

　「『称賛する』って、どういうこと？」小さな王子さまは言った。

　「称賛するっていうのは、おれのことをこの惑星で一番かっこよくて、一番素敵な服を着ていて、一番お金持ちで、一番頭がいいと思うってことさ」

　「だけど、この惑星にはきみしかいないじゃないか！」

　「どうでもいいから、おれを称賛しておくれよ！」

　「きみを称賛するよ」わけがわからないまま小さな王子さまは言った。「だけど、それがどうしてそんなに大事なの？」

　そして、小さな王子さまはその惑星を去った。

　「おとなって、本当にものすごく変わってるんだな」旅を続けながら、小さな王子さまは心の中で言った。

第12章

　次の惑星には、のんべえが住んでいた。小さな王子さまはこの惑星には少しの間しかいなかったが、ものすごく悲しくなった。

　「ここで何をしているの？」小さな王子さまはのんべえにたずねた。のんべえの前にはたくさんの瓶があった。空のものもあれば、いっぱいのものもある。

"Bevo," rispose l'ubriacone in tono lugubre.

"Perché bevi?" gli chiese il piccolo principe.

"Bevo per dimenticare," disse l'ubriacone.

"Per dimenticare cosa?" chiese il piccolo principe, che cominciava già a compiangerlo.

"Per dimenticare che ho vergogna," gli disse l'ubriacone, rintanandosi ancora di più nella sua sedia.

"Vergogna di che?" gli chiese il piccolo principe, che voleva aiutarlo.

"Vergogna di bere!" rispose l'ubriacone, chiudendosi in un silenzio definitivo.

Il piccolo principe se ne andò senza aver capito quello che aveva visto.

"I grandi sono davvero molto, molto strani", si disse.

■lugubre 悲しい　■compiangerlo > compiangere 同情する　■vergogna (f) 恥

「飲んでるんだよ」のんべえは、うつろな声で答えた。

「どうして飲むの?」小さな王子さまはたずねた。

「忘れるためさ」のんべえは答えた。

「何を忘れるの?」もう気の毒になりながら、小さな王子さまはたずねた。

「恥ずかしさを忘れるためさ」椅子にますます沈みこみながら、のんべえは答えた。

「なにが恥ずかしいの?」小さな王子さまはたずねた。のんべえを助けたかったのだ。

「飲むからだよ!」のんべえは答えた。そしてもう、何も言わなかった。

小さな王子さまはその星をあとにした。そこで目にしたことの意味がわからなかった。

「おとなって、本当に、とてもとても変わってるなあ」彼はつぶやいた。

覚えておきたいイタリア語表現

> Credo siano stati degli uccelli selvatici ad aiutare il piccolo principe a lasciare il suo pianeta. (p.72, 1–2行目)
> 野生の鳥たちが、王子さまが星を離れるのを助けてくれたらしい。

【解説】動詞 aiutare は「助ける」、「手伝う」、「世話をする」などの意味があり、英語の *help* に相当します。ここでは、aiutare（人）a + 不定詞「（人）が～するのを助ける」という構文です。

【例文】
① Qualcuno mi aiuti a spostarlo, per favore?
だれかこれを動かすの手伝ってくれない？
② Ringrazio di cuore tutti coloro che mi hanno aiutato a elaborare questo rapporto.　このレポートを仕上げるのを手伝ってくれた皆さんに心から感謝します。

> Non si sa mai! (p.72, 5–6行目)
> わからないからね！

【解説】不確定事項に言及する便利な表現です。非人称の si を使い、あえて主語を明確にせず、「誰にも分からない」「何が起こるか分からない」の意味を表すことができます。

【例文】
① Non si sa mai, potrebbe anche essere divertente.
まだ分からないけど、楽しいかもしれないよ。
② Non si sa mai, questo fungo potrebbe essere velenoso.
もしかしたら、これは毒キノコかもしれないよ。

> Cerca di essere felice. (p.74, 2行目)
> 幸せになってね。

【解説】cercare di～は「～しようと努める」という意味です。類義表現に sforzarsi di (a)～「～しようと懸命に努める」があります。

【例文】
① Ho cercato di raggiungerla tutto il giorno.
私は彼女をつかまえようと一日に何回も電話をかけた。

② Cerchiamo di non pensare al peggio. 最悪のケースは考えないようにしましょう。

③ Se non ce la fai, non sforzarti. どうしてもできないなら、努力しなくてもいいよ。

E sei stato sciocco quanto me. (p.74, 7–8行目)
あなたもわたくしとおなじくらいばかだったのよ。

【解説】(tanto) 形容詞 quanto ～「～と同じくらい…だ」という同等比較の構文で、tanto が省略されたケースです。

【例文】

① Ha circa 20 anni, alta quanto me, capelli castani e…
彼女の年齢は20歳ぐらい、背は私と同じくらい、髪は茶色……。

② Da quando lei è morta, nessuno è stato gentile quanto lei.
彼女が亡くなってから、彼女ほど親切な人には出会えていません。

Se voglio conoscere le farfalle, devo sopportare qualche bruco.
(p.74, 下から6行目)
蝶々に会いたければ、毛虫の一つや二つ、我慢しなければ。

【解説】Se voglio～は「もし～したければ」、devo sopportare～「～を我慢しなくてはならない」という意味です。

【例文】

① Se voglio diventare avvocato, dovrò studiare parecchio.
もし弁護士になりたければ、かなり勉強しなければならない。

② Signore Rossi, se vuole trattare, deve rilasciare gli ostaggi.
ロッシさん、取引をなさりたいのなら、人質を解放してもらわなければなりません。

Non è permesso sbadigliare in presenza di un re. (p.78, 2行目)
王さまの前であくびをするのは許されておらん。

【解説】essere permesso + 不定詞は「～することが許可されている」という言い回しです。

【例文】

① Signore, non vi è permesso entrare. すみません。ここは立ち入り禁止ですよ。

② Non è permesso fumare nel palazzo.　建物内は全面禁煙です。

相手に禁止を促す言い方として、次のような表現もおさえておきましょう。

❏ essere proibito ＋不定詞　〜が禁止されている
　　È proibito entrare.　立ち入り禁止

❏ essere vietato ＋不定詞　〜が禁止されている
　　« Vietato fumare »　（表示などで) 禁煙

Sembrò seccato.　(p.80, 1行目)
不機嫌そうだった。

【解説】A sembrare ＋形容詞／名詞「Aが〜に見える」という構文で、本文の主語は「王さま (il re)」です。英語の *seem* に相当する動詞 sembrare には非人称的用法で「〜であるようだ」という言い回しがあります（sembrare che ＋接続法）。

【例文】
　　Sembra che sia già successo.　これが初めてではないようだ。

　類義表現として、sento / ho sentito di ＋不定詞／che ＋直説法（←〜であると感じる）もよく使われます。

【例文】
　　① Sento di avere la febbre.　私は熱があるようだ。
　　② Ho sentito che hai fame.　君はおなかがすいているようだね。

Un tale potere maravigliò il piccolo principe.　(p.82, 6行目)
あまりにも強大な権力に、小さな王子さまはショックを受けた。

【解説】指示形容詞 tale「そのような」「あの、その」には、次のような表現もあります。

【例文】
　　① Tale il padre, tale il figlio.　この父にしてこの子あり。
　　② Le cose sono giunte a tal punto che non ci capisco più niente.
　　　事態はもはや私の理解できないところまで来てしまった。
　　　※ a tal punto che 〜「〜という程度まで」

Ho il diritto di governare in quanto re perché i miei ordini sono ragionevoli. (p.82, 下から2-1行目)

わしは筋の通った命令をするから、王さまとして治める権利があるのだぞ。

【解説】形容詞 ragionevole「道理をわきまえた、理性のある」は、la ragione「理性／理由」の派生語です。

la ragione を含む表現をいくつか見ておきましょう。

❑ avere ragione「（人の）言っていることが正しい」⇔ avere torto「間違っている」
Hai ragione. 君の言うとおりだ。

❑ senza (una) ragione「何の理由もなく」
Il principio di sana amministrazione finanziaria impone alla Commissione di non procedere a controlli *senza ragione*.
健全な予算統制の原則により、検査委員会の理由なき会計検査の実施に歯止めがかかっている。

Se riesci a giudicarti bene, significa che sei un vero saggio.
(p.86, 2-3行目)

自分を裁くことができれば、それは非常に賢いやつじゃ。

【解説】Parte 2の例文 Non giudicare un libro dalla sua copertina.「外見で中身を判断してはならない」でも出てきましたが、動詞 giudicare は「裁く」だけでなく、「判断する」という意味でもよく使われます。

【例文】
① L'ho giudicato troppo in fretta.　彼のことを性急に判断しすぎた。
② A giudicare da queste foto…sembra che lei abbia vissuto appieno.
これらの写真から判断しますと、充実した人生を送られてきたようですね。

Parte 4

---- ✳ ----

Capitolo 13-16

Capitolo XIII

Il quarto pianeta era abitato da un uomo d'affari. Questo uomo era così occupato che non vide neanche arrivare il piccolo principe.

"Buongiorno," disse il piccolo principe. "La vostra sigaretta è spenta."

"Tre più due fa cinque. Cinque più sette fa dodici. Dodici più tre fa quindici. Buongiorno. Quindici più sette fa ventidue. Ventidue più sei fa ventotto. Non ho tempo per riaccenderla. Ventisei più cinque fa trentuno. Ouf! Dunque fa cinquecento e un milione, seicento e ventiduemila, settecento trentuno."

"Cinquecento milioni di che?" chiese il piccolo principe.

"Cosa? Sei ancora lì? Cinquecento e un milione di... Non ricordo... Ho talmente tanto da fare! Sono un uomo importante, non ho tempo di fare i giochetti! Due più cinque fa sette..."

"Cinquecento e un milione di che?" ripeté il piccolo principe. Il piccolo principe non rinunciava mai a una domanda una volta che l'aveva espressa.

L'uomo d'affari alzò la testa e disse:

■affari > affare (m) 実業　■spenta > spento 消えた　■riaccenderla > riaccendere 再点火する　■dunque それでは、したがって　■giochetti > giochetto (m) お遊び

第13章

　４つ目の惑星には、実業家が住んでいた。この男はあまりにも忙しかったので、小さな王子さまが着いたのも目に入らなかった。

　「こんにちは」小さな王子さまは言った。「タバコの火が消えてますよ」

　「３足す２は５。５足す７は12。12足す３は15。こんにちは。15足す７は22。22足す６は28。火をつけ直す時間がないんだ。26足す５は31。ふう！これで５億162万2731だ」

　「５億って何が？」小さな王子さまはたずねた。
　「なんだって？　まだいたのか？　５億100万の……思い出せん……しなけりゃならないことが一杯あるんだ！　おれは重要人物なんだぞ──ばかなお遊びに付き合っている暇はないんだ！　２足す５は７……」
　「５億100万の、何があるの？」小さな王子さまはたずねた。一度たずねだしたら、絶対にやめないのだ。

　実業家は顔を上げた。そして言った。

"Da cinquantaquattro anni che abito in questo pianeta non sono stato disturbato che tre volte. La prima volta è stato ventidue anni fa quando un insetto è caduto chissà da dove. Faceva un rumore spaventoso e ho fatto quattro errori in un'addizione. La seconda volta è stato undici anni fa quando mi sono ammalato. Non faccio abbastanza esercizio. Non ho tempo da perdere. Sono un uomo importante. La terza volta... eccolo! Dicevo dunque, cinquecento e un milione di..."

"Milioni di cosa?"

L'uomo d'affari capì che il piccolo principe non avrebbe smesso di fare domande. E rispose:

"Milioni di quelle piccole cose che si vedono a volte nel cielo."

"Di mosche?"

"No, no. Di piccole cose che brillano."

"Di api?"

"No. Di quelle piccole cose dorate che fanno fantasticare i poltroni. Ma sono un uomo importante, io! Non ho il tempo di stare seduto a fantasticare."

"Oh! Di stelle," disse il piccolo principe.

"Sì. Esatto. Di stelle."

"E che ne fai di cinquecento milioni di stelle?"

"Cinquecento e un milione, seicento e ventiduemila, settecento trentuno stelle. Sono un uomo importante. Sono un uomo preciso."

"E che te ne fai di queste stelle?"

■chissà わからない　■spaventoso おそろしい　■ammalato > ammalare 病気になる
■abbastanza 十分な　■mosche > mosca (f) ハエ　■api > ape (f) ミツバチ

「この惑星に54年住んでるが、無理やりストップさせられたのは三度だけだ。一度は22年前で、どこからか知らないが虫が落ちてきたときだ。とんでもないひどい音がして、計算を4つ間違えたよ。二度目は11年前で、おれが病気になったんだ。運動が足りないんでな。無駄にする時間はないんだ。おれは重要人物なんだぞ。三度目は……今だ！さっきの続きは、5億100万……」

「何100万もの、何があるの？」

実業家は、小さな王子さまが質問をやめそうにないのに気が付いた。

「時々空に見える何百万のモノさ」

「ハエのこと？」

「違う、違う。光る小さなものだ」

「ミツバチかなあ？」

「違う。小さくて金色で、怠け者が夢を見るあれさ。だがおれは重要人物なんだぞ。だらだらと夢を見ている暇はないんだ！」

「ああ、星のこと？」小さな王子さまは言った。

「そう、それだ。星だ」

「5億もの星をどうするの？」

「5億162万2731の星だ。おれは重要人物なんだぞ。おれはきちょうめんな男なんだ」

「それで、その星をどうするの？」

■fantasticare 夢想する　■poltroni > poltrone (m) なまけ者　■preciso 厳密な

"Che cosa me ne faccio?"

"Sì."

"Niente. Le possiedo."

"Tu possiedi le stelle?"

"Sì."

"Ma ho già incontrato un re che..."

"I re non possiedono. Ci regnano sopra. È molto diverso," disse l'uomo d'affari.

"E a che ti serve possedere le stelle?"

"Mi serve a essere ricco."

"E a che ti serve essere ricco?"

"A comprare altre stelle se qualcuno le trova."

"Quest'uomo ragiona allo stesso modo dell'ubriacone," si disse il piccolo principe. Tuttavia fece qualche altra domanda:

"Come si può possedere le stelle?"

"Di chi sono?" rispose l'uomo d'affari arrabbiato.

"Non lo so. Di nessuno."

"Allora sono mie perché sono stato il primo a pensare di poterle possedere."

"E questo basta?"

"Certo. Quando trovi un diamante che non è di nessuno, è tuo. Quando trovi un'isola che non è di nessuno, è tua. Quando hai un'idea per primo, è tua. Ed io possiedo le stelle perché nessuno prima di me si è sognato di possederle."

■possiedo > possedere 所有する　■serve > servire 役に立つ　■tuttavia それでも
■sognato > sognare 夢見る

「どうするかって？」

「そう」

「どうもしやせんよ。おれの所有物なんだ」

「星を持ってるの？」

「そうだ」

「でもぼくの会った王さまがもう……」

「王さまは何も所有してないさ。治めるだけだ。大変な違いだぞ」実業家は言った。

「星を所有することがどうしてそんなに大事なの？」

「金持ちになれるからさ」

「金持ちになるのがどうしてそんなに大事なの？」

「金持ちなら、他の星が見つかったとき、もっと買えるからな」

「この男はのんべえと同じ考え方をしているな」小さな王子さまは思った。それでも、もういくつか質問をしてみた。

「星を所有するなんて、どうやってできるの？」

「ほかにだれが所有してるっていうんだ？」実業家は怒って答えた。

「わからないよ。だれでもないよ」

「だったら、おれのものだ。最初に星の所有を考えたのはおれなんだから、おれのものだ」

「それだけでいいの？」

「もちろんいいんだとも。だれのものでもないダイヤモンドを見つけたら、そいつは見つけたやつのものだ。だれのものでもない島を見つけたら、それは見つけたやつのものになるんだ。何かアイデアを最初に思いついたら、そのアイデアは自分のものになる。星を持つってことをだれも考えつかなかったから、星はおれのものなのさ」

"La cosa ha senso," disse il piccolo principe "E che te ne fai di queste stelle?"

"Le conto e le riconto," disse l'uomo d'affari. "È un lavoro difficile. Ma sono un uomo importante, io!"

Ma il piccolo principe non aveva smesso di fare domande.

"Se possiedo un fazzoletto, lo posso mettere intorno al collo e portarmelo via. Se possiedo un fiore, lo posso raccogliere e portarlo via. Ma non puoi portare le stelle via con te!"

"No, ma posso metterle in banca," disse l'uomo d'affari.

"Che cosa vuol dire?"

"Vuol dire che scrivo su un pezzetto di carta il numero delle mie stelle. E poi chiudo a chiave questo pezzetto di carta in un luogo sicuro."

"Tutto qui?"

"È sufficiente!"

"È divertente," pensò il piccolo principe. "È un'idea interessante ma non ha molto senso." Il piccolo principe pensò di avere idee diverse sulle cose serie. Disse all'uomo d'affari:

"Io possiedo un fiore che innaffio tutti i giorni. Possiedo tre vulcani che pulisco una volta a settimana. Sono utile al mio fiore e ai miei vulcani. Ma tu non sei utile alle stelle."

L'uomo d'affari aprì la bocca ma non trovò niente da rispondere. E il piccolo principe se ne andò.

■fazzoletto (m) ハンカチ、スカーフ　■intorno 周り　■raccogliere 摘み取る
■pezzetto di carta 紙切れ　■divertente 面白い　■innaffio > innaffiare (annaffiare)
水やりする　■pulisco > pulire 掃除する

「それは理屈が通ってるなあ」小さな王子さまは言った。「それで、星をどうするの？」

「数えて、また数えるのさ」実業家は言った。「大変な仕事さ。でもおれは重要人物だからな！」

でも小さな王子さまは、まだ質問がすんでいなかった。

「襟巻きがぼくのものなら、首に巻きつけて持っていけるよ。花なら、つんで持っていける。でも星は持っていけないじゃないか！」

「無理さ、だが銀行に入れることができる」実業家は言った。

「それはどういうこと？」

「つまり、おれが持つ星の数を紙に書くんだ。それを安全なところにしまって、鍵をかけておくのさ」

「それだけ？」

「それで十分だ！」

「おかしいなあ」小さな王子さまは思った。「面白い考えだけど、意味が通らないよ」大切なことについては、小さな王子さまはもっと別の考え方をしていたのだ。小さな王子さまは実業家に言った。

「ぼくは花を持ってるけど、花には毎日水をやるよ。火山は三つあるけど、週に一度はきれいにする。ぼくは、花や火山にとって役に立ってるんだ。でもきみは星の役に立っていないじゃないか」

実業家は口を開いたが、何も思いつかなかった。それで、小さな王子さまは去った。

"Sono davvero insoliti i grandi," si disse il piccolo principe mentre continuava il suo viaggio.

 # Capitolo XIV

Il quinto pianeta era molto strano. Era il più piccolo di tutti. Vi era appena lo spazio per un lampione e l'uomo che l'accendeva. Il piccolo principe non riusciva a spiegarsi perché ci fossero un lampione e un lampionaio su un pianeta senza case né persone. Eppure si disse:

"Forse la presenza di questo lampionaio è assurda. Tuttavia è meno assurda del re, del vanitoso, dell'uomo d'affari e dell'ubriacone. Almeno il suo lavoro ha un senso. Quando accende il lampione, è come se facesse nascere una stella in più o un fiore. Quando lo spegne, addormenta il fiore o la stella. È una bellissima occupazione. Ed è utile perché è bella."

Arrivando sul pianeta, il piccolo principe salutò il lampionaio:

"Buongiorno. Perché spegni il tuo lampione?"

"È la consegna," rispose il lampionaio. "Buongiorno."

"Che cos'è la consegna?"

"È di spegnere il lampione. Buonasera." E lo riaccese.

■vi appena > appenarsi 苦しむ ■senza case né persone 〜も〜もない ■assurda ばかげている ■almeno 少なくとも ■consegna (f) 命令 ■riaccese > riaccendere 再点火する

「おとなは本当にとても変わっているんだな」旅を続けながら、小さな王子さまは思った。

第14章

　5つ目の惑星は、とても変わっていた。今までの中で一番小さい惑星だった。街灯と点灯夫がおさまるだけのスペースしかなかったのだ。小さな王子さまは、家も他の人もいない惑星に、なぜ街灯があり、点灯夫がいるのかわからなかった。でも心の中で思った。

　「点灯夫がいるのはばかげたことかもしれない。でもこの点灯夫は、王さまや、うぬぼれ屋や、実業家やのんべえよりはまだましだ。少なくとも、この人の仕事には意味があるもの。彼が火を灯したら、星か花をもう一つ、つくり出すことになるんだろう。火を消すときには、星か花を眠りにつかせるようなものなんだ。なんだかきれいな仕事だなあ。そして、きれいだから、役にも立っているんだ」

　惑星に着いてから、小さな王子さまは点灯夫に挨拶した。

　「こんにちは。どうして街灯を消したの？」

　「命令を受けているからさ」点灯夫は答えた。「おはよう」

　「命令って、どんな？」

　「街灯を消すことさ。こんばんは」そして点灯夫は、また街灯に火を点けた。

"E adesso perché lo riaccendi?" chiese il piccolo principe.

"È la consegna," rispose il lampionaio.

"Non capisco," disse il piccolo principe.

"Non c'è niente da capire," disse il lampionaio. "Una consegna è una consegna. Buongiorno." E spense il lampione.

Poi si asciugò la fronte con un fazzoletto.

"Faccio un mestiere terribile. Una volta era ragionevole. Spegnevo al mattino e accendevo alla sera. Avevo il resto del giorno per riposarmi e il resto della notte per dormire…"

"E dopo di allora è cambiata la consegna?"

"La consegna non è cambiata," disse il lampionaio. "Questo è il problema! Il pianeta di anno in anno ha iniziato a girare sempre più in fretta e la consegna non è cambiata!"

"Ebbene?" disse il piccolo principe.

"Ebbene ora che fa un giro al minuto, non ho più tempo per riposarmi. Accendo e spengo il lampione una volta al minuto!"

"È divertente! Su questo pianeta un giorno dura solo un minuto!"

■asciugò > asciugare 拭く　■fonte（f）額、顔　■mestiere（m）職業　■riposarmi > riposarsi（身を）休める　■di anno in anno 年々　■iniziato > iniziare 〜し始める　■in fretta 急いで　■ebbene それで

「でも、どうしてまた点けたの？」小さな王子さまはたずねた。

「命令を受けているからさ」点灯夫は答えた。

「わからないよ」小さな王子さまは言った。

「わからなきゃならないことなんて、何もないさ」点灯夫は答えた。「命令は命令だよ。おはよう」そして街灯を消した。

それからハンカチで顔をぬぐった。

「この仕事はひどいよ。昔はちゃんとしてたんだ。朝、街灯を消して、夜点ける。それ以外の昼の時間は休んで、それ以外の夜の時間は眠れたんだが……」

「それから命令が変わったの？」

「命令は変わっていないよ」点灯夫は言った。「それが問題なんだ！ この惑星は、毎年どんどん早く回転しているのに、命令は変わらないんだ！」

「どうなったの？」小さな王子さまがたずねた。

「今じゃ1分に1度回転するから、休むひまがないんだ。毎分、街灯を点けたり消したりしているんだよ！」

「なんておかしいんだろう！きみの惑星の1日はたった1分なんだね！」

"Non è per nulla divertente," disse il lampionaio. "Lo sai che stiamo parlando da un mese?"

"Da un mese?"

"Sì. Trenta minuti! Trenta giorni! Buonasera." E riaccese il suo lampione.

Il piccolo principe ammirò questo lampionaio così fedele alla sua consegna. Si ricordò dei tramonti sul suo pianeta e di come li cercasse spostando la sua sedia. E volle aiutare il lampionaio. Disse:

"Sai, conosco un modo per farti riposare quando vorrai..."

"Vorrei riposarmi sempre," disse il lampionaio.

È possibile essere fedeli e pigri allo stesso tempo.

Il piccolo principe continuò:

"Il tuo pianeta è così piccolo che in tre passi ne puoi fare il giro. Anche se cammini lentamente, sarà sempre giorno. Quindi quando vorrai riposarti camminerai e il giorno durerà finché vorrai."

"Non mi serve a molto," disse il lampionaio. "Ciò che desidero soprattutto è dormire."

"Non hai fortuna," disse il piccolo principe.

"Non ho fortuna," rispose il lampionaio. "Buongiorno." E spense il lampione.

■per nulla まったくもって ■ammirò > ammirare 感嘆する ■fedele 忠実な
■modo (m) 方法 ■durerà > durare 持続する ■finché ～まで

「ちっともおかしかないね」点灯夫は言った。「おれたち、もう丸ひと月も
しゃべってるんだぜ」
「ひと月も？」
「そうさ、30分！　30日！　こんばんは」そして街灯をまた点けた。

　小さな王子さまは、命令にこんなに忠実な点灯夫をすごいと思った。自分
の惑星の入り日を思い出し、椅子を動かして何度も見ようとしたのを思い出
した。小さな王子さまは、点灯夫を助けたくなって言った。
「休みが必要なときに取れる方法を知ってるよ……」
「休みなら、いつも必要だね」点灯夫は言った。
　命令に従いながら、同時にゆっくりすることも可能なのだ。
　小さな王子さまは続けた。
「きみの惑星は小さいから、3歩で一周できる。ゆっくり歩いても、いつ
も昼間だよ。だから、休みたいときには歩けば……、好きなだけ昼間が続く
よ」
「それはあんまり役に立たないよ」点灯夫は言った。「本当にしたいのは、
寝ることなんだから」
「それはついてないね」小さな王子さまは言った。
「ついてないな」点灯夫は同意した。「おはよう」そして街灯を消した。

Mentre continuava il suo viaggio, il piccolo principe si disse:

"Questo uomo sarebbe disprezzato da tutti coloro che ho incontrato: dal re, dal vanitoso, dall'uomo d'affari e dall'ubriacone. Tuttavia, è il solo uomo che non mi sembri ridicolo. Forse perché si occupa di qualcosa che non sia se stesso."

Il piccolo principe sospirò e si disse:

"Questo è il solo di cui avrei potuto essere amico. Ma il suo pianeta è veramente troppo piccolo. Non c'è posto per due..."

Il piccolo principe avrebbe desiderato fermarsi su quel piccolo pianeta perché avrebbe avuto millequattrocentoquaranta tramonti ogni ventiquattro ore!

 # Capitolo XV

Il sesto pianeta era dieci volte più grande dell'ultimo. Era abitato da un vecchio signore che scriveva enormi libri.

"Ecco un esploratore," esclamò il vecchio quando vide il piccolo principe.

Il piccolo principe si sedette sul tavolo. Era stanco. Era in viaggio da tanto tempo!

"Da dove vieni?" gli domandò il vecchio signore.

■disprezzato > disprezzare 軽べつする　■ridicolo こっけいな　■se stesso 自身
■esploratore (m) 冒険家

旅を続けながら、小さな王子さまは思った。

「あの点灯夫は、ぼくの出会った全員に見下されるだろう——王さまにも、うぬぼれ屋にも、のんべえにも、実業家にも……。でもぼくには、ばかげて見えないのはあの人だけだ。たぶん、自分以外のことを考えてるのはあの人だけだからだろう」

小さな王子さまはため息をついて、独り言を言った。

「友達になれそうなのはあの人だけだったのに。でも、あの星は小さすぎる。二人には狭すぎるんだ……」

小さな王子さまがその小惑星にもっといたかった理由はもう一つ、入り日が24時間に1440回もあるからだった！

第15章

6つ目の惑星は、5つ目の惑星より10倍も大きくて、非常に大きな本を書くおじいさんが住んでいた。

「ほう！　探検家じゃな」小さな王子さまを見て、おじいさんは叫んだ。

小さな王子さまはおじいさんの机の上にすわった。疲れていたのだ。とても遠くまで旅してきたのだから！

「どこから来たのじゃな？」おじいさんはたずねた。

"Che cos'è questo grosso libro? Che cosa fate qui?" gli domandò il piccolo principe.

"Sono un geografo," disse il vecchio signore.

"Che cos'è un geografo?"

"Un geografo è una persona che sa dove si trovano gli oceani, i fiumi, le città, le montagne e i deserti."

"È molto interessante," disse il piccolo principe. "Questo finalmente è un vero mestiere!" E diede un'occhiata tutto intorno al pianeta del geografo. Non aveva mai visto fino ad ora un pianeta così grande e bello.

"È molto bello il vostro pianeta. Ci sono molti oceani?"

"Non lo so," rispose il geografo.

"Oh." (Il piccolo principe ne fu deluso). E delle montagne?"

"Non lo so," rispose il geografo.

"E delle città, dei fiumi e dei deserti?"

"Neppure questo posso sapere," disse il geografo.

"Ma siete un geografo!"

■geografo (m) 地理学者　■trovano > trovare 見つける　■diede un'occhiata > dare un'occhiata 一瞥する　■deluso がっかりした、失望した　■neppure 〜すら〜ない

「この大きい本はなん
ですか？　ここで何をし
ているんですか？」小さ
な王子さまがたずねた。

「わしは地理学者じゃ」おじいさんは言った。
「地理学者ってなんですか？」
「海、川、町、山、砂漠のある場所をぜんぶ知っている人のことじゃよ」

「それはとても面白いですね」小さな王子さまは言った。「これこそ、本物
の仕事だ！」そして、地理学者の惑星を見回した。こんなに大きくて、美し
い惑星は見たことがなかった。

「とても美しい惑星ですね。海はたくさんあるんですか？」
「知らんよ」地理学者は答えた。
「えっ」（小さな王子さまはがっかりした）「山はあるんですか？」
「知らんね」地理学者は答えた。
「町や川や砂漠は？」
「それも、知らん」地理学者は答えた。
「でもあなたは地理学者でしょう！」

"Esatto," disse il geografo. "Ma non sono un esploratore. Non ci sono esploratori qui. Non è il geografo che va a contare le città, i fiumi, le montagne, gli oceani o i deserti. Il geografo è troppo importante per andare in giro. Un geografo non lascia mai la sua scrivania. Ma parla con gli esploratori, e prende appunti di quello che hanno visto. E se sono interessato a quello che un esploratore dice, allora devo scoprire se l'esploratore è o meno una persona seria."

"Perché?"

"Perché un esploratore che mente potrebbe creare dei problemi nei libri di geografia. Ed anche un esploratore che beve troppo."

"Perché?" chiese il piccolo principe.

"Perché gli ubriachi vedono doppio. E allora il geografo annoterebbe due montagne là dove ce n'è solo una."

"Io conosco qualcuno che sarebbe un cattivo esploratore," disse il piccolo principe.

"È possibile. Dunque, quando la moralità dell'esploratore sembra buona, si fa un'inchiesta sulla sua scoperta."

"Si va a vedere?"

"No, è troppo complicato. Ma l'esploratore deve fornire le prove che la scoperta è vera. Se l'esploratore ha scoperto una grossa montagna, si esige che riporti delle grosse pietre."

■contare 数える ■andare in giro 動き回る ■scrivania (f) 机 ■appunti > appunto (m) メモ ■scoprire 明らかにする ■o meno 〜かどうか ■mente > mentire うそをつく ■creare 作る ■annoterebbe > annotare メモする ■moralità (f) 道徳観、倫理 ■inchiesta (f) 調査 ■fornire 供する ■esige > esigere 要求する ■riporti > riportare 持ち帰る

　「その通り」地理学者は言った。「だが、わしは探検家ではない。この星には探検家はおらんのじゃ。町や川や山や海や砂漠を探すのは地理学者の仕事じゃない。そんなことをするには偉すぎるのでな。地理学者は絶対に机を離れん。だが探検家と話して、彼らの見てきたことを書き留める。そいつの話が面白ければ、その探検家がちゃんとした人間かどうかを調べるのじゃ」

　「なぜですか？」
　「探検家がうそつきだと、地理学の本にとんでもない問題が起こるからじゃ。飲みすぎる探検家も同じじゃ」
　「どうしてですか？」小さな王子さまはたずねた。
　「のんべえには物事が二重に見えるからじゃ。そうすると、山が一つしかないところに、二つ書き込んでしまうことになる」
　「わるい探険家になりそうな人を知ってますよ」小さな王子さまは言った。

　「ありうる話だ。探検家がちゃんとした奴だとわかったら、そいつの発見したことを研究するのじゃ」
　「その発見を見に行くんですか？」
　「いいや。それは難しい。だが探検家は、自分の発見が本物だということをわしに証明しなければならん。大きな山を見つけたのなら、大きな岩石を持って来させるのじゃ」

All'improvviso il geografo si entusiasmò. Gridò:

"Ma tu vieni da lontano! Tu sei un esploratore! Mi devi parlare del tuo pianeta!"

Il geografo aprì il suo libro e prese la matita. Scriveva sempre prima a matita. Prima di annotare le cose a penna, aspettava che l'esploratore avesse fornito tutte le prove.

"Allora?" disse il geografo.

"Oh, la mia casa non è molto interessante," disse il piccolo principe. "È molto piccola. Ho tre vulcani. Due sono attivi e uno è spento. Ma non si sa mai."

"Non si sa mai," disse il geografo.

"Ho anche un fiore."

"Non annoto i fiori," disse il geografo.

"Perché? Sono così belli!"

"Perché i fiori sono effimeri."

"Che cosa vuol dire <effimero>?"

"I libri di geografia sono i libri più preziosi tra tutti i libri," disse il geografo. "Non passano mai di moda. È molto raro che una montagna cambi di posto. È molto raro che un oceano si prosciughi. I geografi scrivono solo di cose immutabili."

■si entusiasmò > entusiasmarsi 熱狂する　■effimeri > effimero はかない　■si prosciughi > prosciugarsi 乾く　■immutabili > immutabile 不変の

地理学者は急に、興奮して叫んだ。

「きみは遠くから来たんじゃないか！ きみは探検家だ！ きみの惑星について話してくれ！」

地理学者は本を開き、鉛筆を取り出した。最初は、かならず鉛筆を使うのだ。探険家が自分の発見を証明するまで待って、それからペンで書くのだ。

「さて？」地理学者は言った。

「ああ、ぼくの住んでいる星はあまり面白くありませんよ」小さな王子さまは言った。「とても小さいんです。火山が三つあります。二つは活火山で、もう一つは眠っています。でもわかりませんけどね」

「わからんぞ」地理学者は言った。

「花もあります」

「わしは花については書かん」地理学者は言った。

「どうしてですか？ あんなにきれいなのに！」

「花は、はかないからじゃ」

「『はかない』って、どういうことですか？」

「地理学の本は、全ての本の中で一番重要な本じゃ」地理学者は言った。「古くなるということがない。山が動いたりするのは非常にまれじゃからな。海が乾くのも非常にまれじゃ。地理学者は絶対に変わらないもののことしか書かないのじゃよ」

"Ma un vulcano spento si può risvegliare," disse il piccolo principe. "Che cosa vuol dire <effimero>?"

"Che un vulcano sia spento o attivo è lo stesso per i geografi. Quello che conta per noi è la montagna. La montagna non cambia."

"Ma cosa vuol dire <effimero>?", ripeté il piccolo principe.

Il piccolo principe non rinunciava mai a una domanda una volta che l'aveva espressa.

"Vuol dire <qualcosa che non durerà a lungo>."

"Il mio fiore scomparirà presto?"

"Esatto."

"Il mio fiore è effimero," si disse il piccolo principe. "Ha solo quattro spine per difendersi dal mondo! E io l'ho lasciato solo."

All'improvviso desiderò non essere partito. Ma si fece coraggio: "Quale pianeta dovrei visitare?" chiese al geografo.

"Il pianeta Terra," rispose lui. "Si dice che sia un bel pianeta."

E il piccolo principe se ne andò pensando al suo fiore.

■espressa > esprimere 表す ■scomparirà > scomparire 消える

「でも休火山が目を覚ますこともありますよ」小さな王子さまは言った。「『はかない』ってどうことですか？」

「火山が休んでいようが活動していようが、地理学者には関係ない。我々にとって大事なのは山なのじゃ。山は不変じゃ」

「でも、『はかない』って何ですか？」小さな王子さまはせがんだ。一度たずね始めた質問は、絶対にやめないのだ。

「『長続きしないもの』のことじゃ」

「ぼくの花は長続きしないの？」

「そのとおり」

「ぼくの花は、はかないのか」小さな王子さまは心の中で思った。「ぼくの花は世界中の危険から自分を守るのに、4つのトゲしか持っていないんだ！それなのにぼくは、花をひとりぼっちにした」

突然、小さな王子さまは星を出なければよかったと後悔した。でも勇気をふるい起こした。

「どの惑星を訪ねたらいいですか？」小さな王子さまは地理学者にたずねた。

「地球じゃ」地理学者は答えた。「見事な惑星だということになっておる」

小さな王子さまは出発した。花のことを思いながら。

Capitolo XVI

Il settimo pianeta che il piccolo principe visitò fu dunque la Terra.

La Terra è un pianeta interessante! Ci sono cento e undici re, settemila geografi, novecentomila uomini d'affari, sette milioni e mezzo di ubriaconi e trecentoundici milioni di vanitosi. In totale ci sono circa due miliardi di adulti.

Per darvi un'idea delle dimensioni della Terra, vi dirò che prima dell'invenzione dell'elettricità c'erano circa quattrocento sessantaduemila e cinquecento undici lampionai.

Vista dal cielo, la Terra era un'immagine bellissima. Questi lampionai lavoravano all'unisono come ballerini su un palco. All'inizio, i lampionai accendevano i lampioni in Nuova Zelanda e in Australia prima di andare a dormire. Dopo di che entravano in azione i lampioni di Cina e Siberia. Poi i lampionai di Russia e India. Poi quelli di Africa ed Europa. Poi i lampionai dell'America del Sud e infine quelli dell'America del Nord. E questi lampionai non si sbagliavano mai ad accendere i loro lampioni. La loro danza era perfetta. Bellissima da vedere.

Gli unici lampionai con il lavoro più semplice erano i lampionai del Polo Nord e del Polo Sud: lavoravano solo due volte all'anno.

■la Terra (f) 地球　■miliardi > miliardo 10億　■dimensioni > dimensione 大きさ
■invenzione (f) 発明　■all'unisono そろって　■entravano in azione > entrare in azione 行動を開始する　■unici > unico 唯一の

第16章

　そんなわけで、小さな王子さまが訪ねた7つ目の惑星は地球だった。

　地球はなかなか面白いところだった！　王さまが111人、地理学者が7000人、実業家が90万人、のんべえが750万人、うぬぼれ屋が3億1100万人いたのだ。ぜんたいで、おとなが20億人くらいいた。

　地球の大きさをわかってもらうために、電気が発明される前には、46万2511人の点灯夫がいたということをお話ししておこう。

　空のかなたから眺めると、その灯りのおかげで、地球は美しい絵のようだった。点灯夫たちは、大舞台の踊り子たちのように連携して働いた。まず、ニュージーランドとオーストラリアの点灯夫が寝る前に街灯を灯す。次は中国とシベリア、それからロシアとインドの点灯夫。その後アフリカとヨーロッパ、南アメリカと続いて、最後に北アメリカの番だ。点灯夫が順番を間違えて火を灯すことは決してない。彼らの踊りは完ぺきで、見ていてとても美しいものだった。

　一番楽な仕事をしているのは、北極と南極の点灯夫だ。年に2回しか働かない。

覚えておきたいイタリア語表現

> Sono davvero insoliti i grandi. (p.108, 1行目)
> おとなは本当にとても変わっているんだな。

【解説】insolito「普通でない／奇妙な」の他にも、「変わっている」という意味を表す形容詞は少なくないです。insolitoとあわせて次の単語も覚えておきましょう。

❏ assurdo「不合理な、ばかげた」
Sarebbe assurdo proporre una cura senza aver prima fatto una diagnosi.　予診もせずに治療を勧めるのは非常識だろう。

❏ strano「奇妙な、不思議な／（人の気質やしぐさが）変わった、変な」
Dev'essere strano ritornare dopo tutti questi anni.
こんなに何年も経ってから戻ると奇妙な感じがするにちがいない。

❏ bizarro「風変わりな、奇抜な」
Ho avuto un altro sogno bizzarro.　また別の奇妙な夢を見た。

> Il piccolo principe ammirò questo lampionaio così fedele alla sua consegna. (p.112, 6–7行目)
> 小さな王子さまは、命令にこんなに忠実な点灯夫をすごいと思った。

【解説】fedele alla sua consegna は、「指令に忠実に従う」という意味です。形容詞fedele a ～「～に忠実な」の類義語にはleale「（性格／言動が）誠実な」があります。

【例文】
① Il sistema di aiuti deve rimanere fedele al suo obiettivo primario di riduzione della povertà.
経済援助制度は、貧困を減らすという当初の目的に忠実でなければならない。
② Il Comandante è fedele alla parola data.　司令官は約束に忠実だ。
※ essere fedele の代わりに tenere fede とすることもできます。
③ Potrà anche essere giovane e idealista, ma è leale.
確かに彼女は若くて理想主義者だが、信頼できるよ。

Questo finalmente è un vero mestiere! (p.116, 下から11−10行目)
これこそ、本物の仕事だ！

【解説】veroは「本当の／本物の」という意味です。類義の形容詞にreale「実在の／実質的な」があります。

【例文】
① Adesso dobbiamo cominciare il vero lavoro.
今こそ本物の仕事を始めなければならない。
② Quell'uomo è un vero artista.　あの男は正真正銘の芸術家だ。

Perché i fiori sono effimeri. (p.120, 下から6行目)
花は、はかないからじゃ。

【解説】王子さまが繰り返しChe cosa vuol dire « effimero » ?（「はかない」って、どういうことですか？）と尋ねると、地理学者はようやくVuol dire « qualcosa che non durerà a lungo »（「長続きしないもの」のことじゃ）と答えます。長続きしないからこそ大切なもの——この作品の重要なテーマのひとつです。

【例文】
① Ogni bellezza è effimera.　あらゆる美ははかない。
② Dobbiamo cercare l'effimero, o che senso avrebbe vivere?
はかないものを探究しなければならない。さもなくば、生きている意味があるだろうか。

In totale ci sono circa due miliardi di adulti. (p.124, 4−5行目)
ぜんたいで、おとなが20億人くらいいた。

【解説】circaは「およそ、だいたい、約〜」という概数を表す言い方です。よく使われる類義の表現としては、più o meno「多かれ少なかれ／おおよそ、だいたい」、quasi「ほとんど、だいたい」が挙げられます。やや専門的な類義語ではapprossimativamente「おおよそ、だいたい」があります。

【例文】
① Sono circa le sei.　6時ぐらいだ。

② Ha più o meno le dimensioni di quel tuo pacco.
この箱はその君の箱とだいたい同じ大きさだ。

③ Ci sono quasi 7 miliardi di persone, su questo pianeta.
この惑星上にはだいたい70億の人がいる。

④ Ogni compressa contiene approssimativamente 214 mg di lattosio monoidrato.　各錠には約214mgのラクトース一水和物が含まれています。

Parte 5

Capitolo 17-20

Capitolo XVII

Quando voglio essere spiritoso, a volte mi capita di dire una piccola bugia. Non sono stato completamente sincero nel parlare dei lampionai. Rischio di confondere le persone che non conoscono bene il nostro pianeta. Gli uomini occupano pochissimo spazio sulla Terra. Se i due miliardi di persone che vivono sulla Terra stessero in piedi vicini, troverebbero posto facilmente in un'area di venti miglia di lunghezza per venti miglia di larghezza. Tutti gli abitanti della Terra potrebbero essere ammucchiati in un isolotto nell'Oceano Pacifico.

Naturalmente i grandi non vi crederebbero. Pensano di occupare molto spazio. Credono di essere grandi e importanti come i baobab. Ma non sprecheremo il nostro tempo a preoccuparci di loro. Non ce n'è motivo. Credetemi.

Il piccolo principe, arrivato sulla Terra, fu molto sorpreso di essere solo. Non vide nessuno. Aveva timore di aver sbagliato pianeta. Poi vide qualcosa di dorato muoversi nella sabbia.

"Buonasera," disse il piccolo principe.

"Buonasera," disse il serpente.

■a volte ときに　■capita di > capitare di 〜が起きる　■completamente 完全に
■sincero 正直な　■rischio > rischiare 危険がある　■confondere 混乱させる
■in piedi 立って　■lunghezza (f) 長さ　■larghezza (f) 幅

第17章

　ぼくは面白おかしくしたいと思うと、つい、ちいさなウソをついてしまうことがある。点灯夫の話をしていたときも、本当のことだけを話したわけではない。そのため、ぼくたちの惑星のことをよく知らない人たちを混乱させてしまう危険性がある。実際、人が地球の上で占める面積はごくわずかだ。もし地上に住む20億人が全員、一つの場所にかたまって立ったら、縦に20マイル、横に20マイルのスペースに余裕で入ってしまうだろう。地球に住む人全員が、太平洋の小島一つに楽に収まってしまうのだ。

　もちろん、おとなはこの話を信じようとしない。たくさんの場所を占領していると思いたいのだ。自分たちが、バオバブのように大きくて重要だと思っているのだ。でも彼らに気をつかって時間を無駄にするのはやめよう。そうする理由がないのだ。本当だよ。

　小さな王子さまは地球に着いたとき、ひとりぼっちだったのでとてもびっくりした。人っ子ひとり、見かけないのだ。来る惑星を間違えたのではないかと心配になった。ちょうどその時、砂の中で金色のものが動くのが見えた。

　「こんばんは」小さな王子さまは言った。

　「こんばんは」ヘビが答えた。

■ammucchiati > ammucchiare 積み重なる　■sprecheremo > sprecare 浪費する
■preoccuparci > preoccuparsi 心配する　■timore (m) 懸念　■sabbia (f) 砂
■serpente (m) ヘビ

"Che pianeta è questo?" chiese il piccolo principe.

"Sei sulla Terra, in Africa," rispose il serpente.

"Oh! Ma non vive nessuno sulla Terra?"

"Questo è il deserto. Nessuno vive nel deserto. La Terra è molto grande," rispose il serpente.

Il piccolo principe si sedette su una pietra. Alzò gli occhi verso il cielo:

"Mi domando se le stelle sono illuminate perché ognuno possa un giorno trovare la sua", disse. "Guarda il mio pianeta. È proprio sopra di noi... Ma come è lontano!"

"È bello," disse il serpente. "Ma perché sei venuto qui?"

"Ho avuto delle difficoltà con un fiore," disse il piccolo principe

"Ah," disse il serpente.

Nessuno dei due parlò.

"Dove sono gli uomini?" chiese infine il piccolo principe. "Sono solo nel deserto..."

"Si è soli anche tra gli uomini," disse il serpente.

Il piccolo principe guardò il serpente a lungo.

"Sei un animale buffo," disse al serpente. "Sei lungo e sottile come un dito..."

■mi domando > domandarsi 自問する　■ognuno 各人、誰でも　■sottile 薄い　■dito (m) 指

「この惑星はどういうところ？」小さな王子さまがたずねた。

「地球の、アフリカにいるんだよ」ヘビが言った。

「えっ。じゃあ地球にはだれも住んでないの？」

「ここは砂漠なんだ。砂漠にはだれも住まないのさ。地球はとても大きいからな」ヘビが答えた。

小さな王子さまは石に腰を下ろした。空を見上げて、

「星は、だれもがいつか自分の星を見つけられるように、光ってるのかなあ？」と言った。「ぼくの星を見て。ちょうど、ぼくらの真上だ……。でも何て遠いんだろう！」

「きれいだな」ヘビは言った。「なんでまた、ここに来たんだい？」

「花とうまくいかなくなっちゃったんだ」小さな王子さまは言った。

「ああ」ヘビが言った。

どちらもそれ以上、何も言わなかった。

「人はどこにいるの？」しばらくして小さな王子さまがたずねた。「砂漠にいると寂しいよ……」

「人の中にいても寂しいさ」ヘビは言った。

小さな王子さまは、ヘビを長い間見つめた。

「きみは変わった格好の生き物だなあ」小さな王子さまはヘビに言った。「指みたいに長くて細い……」

"Ma sono più potente del dito di un re," disse il serpente.

Il piccolo principe sorrise:

"Come puoi essere potente...non hai neppure delle zampe...non puoi neppure camminare facilmente."

"Posso trasportarti molto lontano," disse il serpente e si arrotolò attorno alla caviglia del piccolo principe come un braccialetto d'oro:

"Colui che tocco lo restituisco alla terra da dove è venuto," disse il serpente. "Ma tu sei puro. E vieni da una stella..."

Il piccolo principe non rispose.

"Mi fai pena. Tu sei così debole e da solo sulla Terra. Potrò aiutarti un giorno se rimpiangerai troppo il tuo pianeta. Posso..."

"Oh! Ho capito benissimo," disse il piccolo principe. "Ma perché parli sempre per enigmi?"

"Li risolvo tutti," disse il serpente. E rimasero entrambi in silenzio.

■zampe > zampa (f) 足　■arrotolò > arrotolare 巻く　■attorno 周りに　■caviglia (f) 足首　■colui che ～する者　■tocco > toccare 触れる　■restituisco > restituire 返す　■mi fai pena > fare pena ～をかわいそうに思う　■debole 弱い　■rimpiangerai > rimpiangere 嘆き惜しむ　■per enigmi 謎めいた > enigma (m) 謎　■risolvo > risolvere 解決する　■entrambi (m) 二人とも

「だがおれは王さまの指よりもずっと力があるんだぜ」ヘビが言った。

小さな王子さまは微笑んだ。

「どうやってそんな力が持てるの……、足さえないじゃないか……動くのだって大変だろう」

「きみをうんと遠くへ連れて行くことができるぜ」ヘビはそう言って、金色のブレスレットのように、小さな王子さまの足首に巻きついた。

「おれは、触れるものはだれでも、もとの土へと送り返すのさ」ヘビは言った。「だがあんたは純粋だ。星から来たんだ……」

小さな王子さまは何も言わなかった。

「あんたが可哀想だ。この地球で、こんなに弱くて、ひとりぼっちで。いつか自分の惑星が恋しくて仕方なくなったら、助けてやれるかもしれないぜ。おれにはできるんだ……」

「そうか！ わかったよ」小さな王子さまは言った。「でもきみはどうして謎めいたことばかり言うの？」

「おれはすべての謎を解くのさ」

そうして二人とも、黙りこんだ。

Capitolo XVIII

Il piccolo principe attraversò il deserto. Incontrò solo un fiore.

Un piccolo fiore, aveva solo tre petali...

"Buongiorno," disse il piccolo principe.

"Buongiorno," disse il fiore.

"Dove sono gli uomini?," domandò il piccolo principe.

Un giorno il fiore aveva visto passare dei viaggiatori:

"Uomini? Ne ho visti, credo, sei o sette. Li ho visti molti anni fa. Ma non so dove trovarli. Il vento li spinge qua e là. Non hanno radici. Il che deve essere molto difficile."

"Addio," disse il piccolo principe.

"Addio," disse il fiore.

第18章

　小さな王子さまは、砂漠を横切った。一本の花以外、だれにも会わなかった。それも、花びらが3枚しかない、もうしわけ程度の花だった。

　「こんにちは」小さな王子さまは言った。

　「こんにちは」花が言った。

　「人を見たかい？」小さな王子さまがたずねた。

　花は、一度、旅人たちが通り過ぎるのを見かけたことがあった。

　「人？何人か見かけたわ。確か6人か7人だった。何年も前よ。でも今どこにいるのかは知らないわ。旅人たちは風に吹かれて、あっちへ行ったり、こっちへ行ったりするのよ。彼らには根がないからなの。それって、大変に違いないわね」

　「さようなら」小さな王子さまは言った。

　「さようなら」花も言った。

■attraversò > attraversare 横切る　■spinge > spingere 押し動かす　■qua e là あちこち　■radici > radice (f) 根っこ

Capitolo XIX

Il piccolo principe scalò un'alta montagna. Le sole montagne che avesse mai visto erano i tre vulcani che gli arrivavano alle ginocchia. E aveva usato il vulcano spento come una sedia.

"Da una montagna alta come questa vedrò tutto il pianeta e tutti gli uomini," si disse. Ma tutto quello che riuscì a vedere furono rocce e altre montagne.

"Buongiorno," gridò.

"Buongiorno... Buongiorno... Buongiorno..." rispose l'eco.

"Chi siete?" chiese il piccolo principe.

"Chi siete... chi siete... chi siete..." rispose l'eco.

■scalò > scalare 登る　■ginocchia > ginocchio (m) ひざ　■eco (f) こだま

第 19 章

　小さな王子さまは高い山に登った。今まで知っていた山は、王子さまの星にある三つの火山だけで、膝までの高さしかなかった。休火山を椅子代わりに使ったものだった。

　「こんな高い山からなら、地球全体と、住んでいる人みんなが見えるに違いない」小さな王子さまはつぶやいた。でも見えたのは、いくつもの岩とほかの山々だけだった。

　「こんにちは」呼んでみた。

　「こんにちは……こんにちは……こんにちは……」山びこが答えた。

　「きみはだれだい？」小さな王子さまがたずねた。

　「きみはだれだい……きみはだれだい……きみはだれだい……」山びこが答える。

"Siate miei amici. Io sono solo," disse.

"Io sono solo... Io sono solo... Io sono solo..." rispose l'eco.

"Che buffo pianeta," pensò il piccolo principe. "È tutto secco e pieno di montagne. E gli uomini qui non sono molto interessanti. Ripetono ciò che si dice loro. A casa avevo un fiore e parlava sempre per primo..."

 # Capitolo XX

Dopo molto tempo il piccolo principe trovò una strada. E le strade portavano verso il mondo degli uomini.

"Buongiorno," disse il piccolo principe. Era in un giardino di rose.

"Buongiorno," dissero le rose.

「友達になってよ。ぼくはひとりぼっちなんだ」小さな王子さまが言った。

「ひとりぼっちなんだ……ひとりぼっちなんだ……ひとりぼっちなんだ……」山びこが答えた。

「何てへんてこな惑星なんだ」小さな王子さまは思った。「乾いていて、山ばっかりだ。それにここの人たちはあまり面白くないな。こちらの言ったことを何でも繰り返すんだもの。ぼくのところには花がいた。いつも先に話しかけてくれる花が……」

第20章

　長いことしてから、小さな王子さまは一本の道を見つけた。道というものは、すべての人たちのところにつながっている。

「こんにちは」小さな王子さまは言った。バラ園に来ていたのだ。

「こんにちは」バラの花たちも言った。

■ciò そのこと　■per primo 最初に　■verso 〜に向かって

Il piccolo principe le guardò. Assomigliavano al suo fiore.

"Chi siete?", domandò loro stupefatto.

"Siamo delle rose," dissero le rose.

"Oh," disse il piccolo principe.

E si sentì molto infelice. Il suo fiore gli aveva raccontato che era il solo della sua specie in tutto l'universo. Ed ecco che ce ne erano cinquemila tutti simili in un solo giardino!

"Se il mio fiore vedesse questo, sarebbe molto contrariato," si disse. "Si metterebbe a tossire e fingerebbe di morire per sfuggire al ridicolo. Ed io dovrei fare finta di credergli. Altrimenti si lascerebbe veramente morire..."

E si disse ancora: "Mi credevo ricco. Credevo di avere un fiore speciale, ma in realtà era solo una comune rosa. Come per i miei tre vulcani che sono molto piccoli e uno di essi è spento. Non sono un principe molto importante..." E scoppiò a piangere.

⭐

■specie (f) 種類　■contrariato 不機嫌　■tossire 咳をする　■fingerebbe > fingere ふりをする　■sfuggire 逃れる　■fare finta di ふりをする　■comune 普通の

小さな王子さまは、じっと見つめた。自分の花とそっくりだ。

「きみたち、だれ？」ショックを受けて、小さな王子さまは聞いた。

「私たち、バラよ」とバラたちは言った。

「ええっ！」小さな王子さまは言った。

悲しみで胸をしめつけられた。王子さまの花は、自分はかけがえのない、世界で一つしかない花だと言っていた。それがここでは、似たような花がたった一つの庭に5000本も咲いているのだ！

「ぼくの花がこれを見たら、とても機嫌をわるくするだろうな」小さな王子さまは心の中で思った。「笑われないように咳をして、死にかけているふりをするだろうな。そしてぼくは、花を信じているふりをしなければ。さもないと、本当に死んでしまいかねないからね……」

それから独り言を言った。「ぼくは恵まれてると思ってた。特別な花を持ってると思ってたけど、実際にはありきたりのバラでしかなかったんだ。三つの火山だって、とても小さくて、一つは眠ってる。これじゃあ、王子さまなんかじゃないよ……」そして泣いて、泣いて、泣きとおした。

覚えておきたいイタリア語表現

> Quando voglio essere spiritoso, a volte mi capita di dire una piccola bugia. (p.130, 1–2行目)
> ぼくは面白おかしくしたいと思うと、つい、ちいさなウソをついてしまうことがある。

【解説】a volte「ときどき／時には」は「〜ことがある」とも訳せます。

【例文】
　① Sai, a volte dovrebbe essere più professionale.
　　ねえ、時にはもっとプロ意識をもつべきだよ。
　② A volte non ci riesci proprio.　ほんとうにうまくいかないこともある。

> Si è soli anche tra gli uomini. (p.132, 下から4行目)
> 人の中にいても寂しいさ。

【解説】非人称の si を使い、「人の中にいても寂しいものさ」と一般論を述べています。自分自身の寂しさを表すならば、Mi senta solo tra gli uomini (tra la gente). となります。

> Mi fai pena. (p.134, 下から5行目)
> あんたが可哀想だ。（←あんたは私を哀れな気持ちにさせる）

【解説】fare pena a 〜「（人）を悲しませる」のように、よく使われる fare + 無冠詞名詞の用法を例文で覚えましょう。

【例文】
　① Mi fa pena pensare che vada a New York.
　　彼がニューヨークへ行ってしまうのは悲しい。
　② Quando parli così, mi fai paura.
　　君の話し方は怖いよ。
　　※ fare paura a 〜「（人）を怖がらせる」
　③ Mi fa male il dente.
　　私は歯が痛い。
　　※ fare male a 〜「（人）に苦痛を与える」
　④ Mi fa schifo, tesoro, ma così va il mondo.
　　ああ嫌だわ、あなた、でも世の中とはこういうものね。
　　※ fare schifo a 〜「（人）に嫌悪感を催させる」

Un giorno il fiore aveva visto passare dei viaggiatori. (p.136, 6行目)
花は、一度、旅人たちが通り過ぎるのを見かけたことがあった。

【解説】「見る」「聞く」「感じる」などの知覚動詞＋A＋*inf.*の形です。(A) と *inf.* の順番はどちらが先でも同じ内容を表します。

❑ vedere A＋*inf.*　Aが〜するのを見る
L'ho visto camminare verso un taxi. 彼がタクシーへ向かって歩くのを見た。

❑ sentire A＋*inf.*　Aが〜するのを聞く／感じる
Stavo piangendo e poi ho sentito entrare qualcuno.
私が泣いていると、誰かが中に入ってくる音が聞こえた。
Sentivo il suo cuore battere. (p.188, 下から11行目)
王子さまの胸の鼓動が伝わってきた。

Non hanno radici. (p.136, 8行目)
彼らには根がないからなの。

【解説】radice には「(植物の) 根」のほかに、「(比喩的な) 根」、「根源」、「原因」などの意味もあります。

【例文】
① Sta cercando di mettere radici a Roma.
　　彼はローマに身を落ち着けようとしている。
② Occorre andare alla radice dei problemi.
　　問題の根本に迫る必要がある。

Si metterebbe a tossire e fingerebbe di morire per sfuggire al
ridicolo. (p.142, 9–10行目)
笑われないように咳をして、死にかけているふりをするだろうな。

【解説】fingere di＋*inf.*「〜するふりをする」に似た表現でよく使われるものを探してみましょう。

【例文】
① Non cercare di imitare gli altri. ← imitare「模倣する、まねる」
　　他人の真似をしようとするな。

② Esco a far finta di usare il cellulare.
私はケータイを使うふりをして外へ出る。

③ Ed io dovrei fare finta di credergli. (p.142, 10行目)
そしてぼくは、花を信じているふりをしなければ。

← ②・③ far (fare) finta di「〜のふりをする」

Mi credevo ricco. (p.142, 下から4行目)
ぼくは恵まれてると思ってた。

【解説】riccoには「金持ちの」、「(環境などに) 恵まれた」、「(栄養などが) 豊富な」など
さまざまな意味があります。

【例文】

① È l'occasione per diventare ricco.　これは金持ちになるチャンスだ。

② I limoni sono ricchi di vitamina C.　レモンはビタミンCが豊富である。

Parte 6

---- ✳ ----

Capitolo 21-24

Capitolo XXI

In quel momento apparve la volpe.

"Buongiorno," disse la volpe.

"Buongiorno," rispose il piccolo principe. Anche se si era voltato, non vide nessuno.

"Sono qui," disse una voce da sotto il melo.

"Chi sei?" chiese il piccolo principe. "Sei molto carino."

"Sono una volpe," disse la volpe.

"Vieni a giocare con me," le propose il piccolo principe. "Sono così triste."

"Non posso giocare con te," rispose la volpe. "Non sono addomesticata."

"Oh! Scusa," disse il piccolo principe. Ma dopo averci pensato, soggiunse: "Che cosa vuol dire <addomesticare>?"

■volpe (f) キツネ　■si voltato > voltarsi 振り向く　■carino かわいらしい
■addomesticata > addomesticare 飼い慣らす、慣れる

第 21 章

　ちょうどその時、キツネが現れた。
　「こんにちは」キツネは言った。
　「こんにちは」小さな王子さまは答えた。振り向いたのだが、だれも目に入らなかった。
　「ここだよ」りんごの木の下から声がした。
　「きみはだれだい？」小さな王子さまは言った。「きれいだね、きみ」
　「ぼくはキツネだよ」キツネは言った。
　「おいで。ぼくと遊ぼう」小さな王子さまは言った。「ぼく、とても悲しいんだ」
　「きみとは遊べないよ」キツネは答えた。「なついてないから」
　「ああ！　ごめんね」小さな王子さまは言った。少し考えてから、付け足した。「『なつく』って、どういうこと？」

"Non sei di queste parti tu," disse la volpe. "Che ci fai tu qui?"

"Cerco gli uomini," disse il piccolo principe. "Che cosa vuol dire <addomesticare>?"

"Gli uomini hanno dei fucili e cacciano," disse la volpe. "È molto noioso. Allevano anche galline. È il loro solo interesse. Tu cerchi delle galline?"

"No," disse il piccolo principe. "Cerco degli amici. Che cosa vuol dire <addomesticare>?"

"Vuol dire qualcosa che gli uomini hanno dimenticato da molto tempo," disse la volpe. "Addomesticare vuol dire creare dei legami. Tu, fino a ora, per me non sei che un ragazzino uguale a centomila altri ragazzini. Non ho bisogno di te. E neppure tu hai bisogno di me. Io non sono per te che una volpe uguale a centomila altre volpi. Ma se tu mi addomestichi, noi avremo bisogno l'uno dell'altro. Tu sarai per me unico al mondo. Sarai diverso da tutti quanti gli altri. E io sarò unica al mondo per te..."

"Comincio a capire," disse il piccolo principe. "C'era un fiore... Credo che mi abbia addomesticato..."

"È possibile," disse la volpe. "Molte cose sono possibili sulla Terra."

"Oh! Non è sulla Terra," disse il piccolo principe. La volpe lo guardò interessata.

"Su un altro pianeta?"

"Sì."

"Ci sono cacciatori su questo pianeta?"

■fucili > fucile (m) 銃　■cacciano > cacciare 狩りをする　■allevano > allevare 育てる　■legami > legame (m) つながり　■fino a ora いままで

「きみ、ここの人じゃないんだね」キツネは言った。「ここで何してるの？」

「人間たちを探しているんだよ」小さな王子さまは言った。「『なつく』って、どういうこと？」

「人間は銃を持ってる。狩りをするんだ」キツネは言った。「まったく迷惑だよ。それからニワトリも育てるんだ。人間がするのはそれだけさ。きみ、ニワトリを探してるのかい？」

「ううん」小さな王子さまは言った。「ぼくは友達を探してるんだ。『なつく』ってなんのこと？」

「あまりにも忘れられてしまったことさ」キツネは言った。「『なつく』って、『つながりやきずなをつくる』ことだよ。今、きみはぼくにとって他の何千もの子と同じ、ただの男の子でしかない。ぼくはきみを必要としないし、きみもぼくを必要としない。きみにとってぼくは他の何千というキツネと同じ、代わり映えしないただのキツネだ。でもきみにぼくがなついたら、ぼくたちはお互いが必要になるんだ。ぼくにとってきみはかけがえのない、たったひとりの存在になる。きみは世界中の他のだれとも違う存在になる。そしてぼくはきみにとってかけがえのないものになるんだ……」

「ぼく、わかりかけてきたような気がするよ」小さな王子さまは言った。「昔、花がいて……その花がぼくをとりこにしたと思ったんだ……」

「ありうることだな」キツネは言った。「地球ではいろんなことが可能なんだ」

「ああ！　地球で起きたんじゃないよ」小さな王子さまは言った。キツネは面白そうに王子さまをながめた。

「違う惑星で起きたのかい？」

「そうだよ」

「その惑星には猟師がいるかい？」

"No."

"Interessante! E delle galline?"

"No."

"Non c'è niente di perfetto," sospirò la volpe.

E riprese a parlare. "La mia vita è sempre la stessa. Io do la caccia alle galline e gli uomini danno la caccia a me. Tutte le galline si assomigliano e tutti gli uomini si assomigliano. Perciò io mi annoio. Ma se tu mi addomestichi, la mia vita sarà come illuminata. Correrò a nascondermi quando sentirò il suono dei passi degli altri uomini. Ma i tuoi passi avranno per me un suono diverso. Quando sentirò i tuoi passi, mi sembreranno musica. E io verrò fuori ad accoglierti. E guarda! Vedi quel campo di grano laggiù? Io non mangio il pane e il grano per me è inutile. Il grano non mi ricorda nulla. E questo è triste! Ma tu hai dei capelli color dell'oro. Allora sarà meraviglioso quando mi avrai addomesticato! Il grano dorato mi farà pensare a te. E amerò il rumore del vento nel grano..."

La volpe tacque. Guardò a lungo il piccolo principe.

Infine disse, "Per favore... addomesticami!"

"Volentieri," rispose il piccolo principe. "Ma non ho molto tempo. Ho da scoprire degli amici e da conoscere molte cose."

■cacciatori > cacciatore (m) 猟師　■riprese > riprendere 再び始める
■nascondermi > nascondersi 隠れる　■accoglierti > accogliere 迎え入れる
■campo di grano 小麦畑　■mi ricorda > ricordarsi 思い出す　■tacque > tacere 黙る
■volentieri よろこんで

「いいや」

「面白いなあ！ ニワトリはいるかい？」

「いいや」

「完ぺきなものはないんだな」キツ
ネはため息をついた。

キツネはまた話し始めた。「ぼくの生
活は単調さ。ぼくはニワトリを狩る、
人はぼくを狩る。ニワトリはどれも同
じに見えるし、人も同じに見える。だ
から、退屈するんだな。でも、もしき
みがぼくをなつかせてくれたら、ぼくの人生はお日さまでいっぱいになる
よ。ほかの人間の足音が聞こえたら、ぼくは走って隠れるさ。でもきみの足
音なら、音楽みたいに聞こえるよ。ぼくは出てきてきみに挨拶する。ほら、
ごらんよ！ 向こうに麦畑が見えるだろう？ ぼくはパンを食べないから、麦
なんてどうでもいいんだ。麦を見ても、何も思わない。それって悲しいこと
だよ。でもきみの髪は金色だ。そのきみが、ぼくの心を開いてなつかせてく
れたら、すてきだろうなあ！ 金色の麦を見たら、ぼくはきみのことを思う
よ。そして、麦のあいだに揺れる風の音に聞きほれるんだ……」

キツネはふと黙ると、長いこと小さな王子さまを見つめた。

ついにキツネは言った。「頼むよ……ぼくをなつかせて！」

「ぼくもとってもそうしたいよ」小さな王子さまは答えた。「だけど、時間
がないんだ。友達をつくらなきゃいけないし、知らなきゃいけないこともた
くさんある」

"Si conoscono solo le cose che si addomesticano," disse la volpe. "Gli uomini non hanno più tempo per conoscere nulla. Comprano nei negozi le cose già fatte. Ma siccome non esistono negozi dove comprare amici, gli uomini non hanno più amici. Se tu vuoi un amico, addomesticami!"

"Cosa devo fare?" chiese il piccolo principe.

"Devi essere molto paziente," gli disse la volpe. "In principio ti siederai nell'erba, un po' lontano da me. Io ti osserverò con attenzione. E tu non dirai nulla. Le parole sono una fonte di malintesi. Ma ogni giorno potrai sederti un po' più vicino a me..."

Il piccolo principe ritornò l'indomani.

"Sarebbe stato meglio se fossi tornato alla stessa ora," disse la volpe. "Se tu vieni sempre tutti i pomeriggi alle quattro, dalle tre io comincerò a sentirmi felice. Più si avvicineranno le quattro, più mi sentirò felice. Alle quattro, sarò agitato! Saprò cos'è la felicità! Ma se tu vieni a un'ora diversa ogni giorno, non saprò quando iniziare a prepararmi a essere felice... Dobbiamo avere dei riti."

"Che cos'è un rito?" chiese il piccolo principe.

"Anche questo è qualcosa che gli uomini hanno dimenticato da tempo," disse la volpe. "Un rito è quello che fa un giorno diverso dagli altri giorni, un'ora diversa dalle altre ore. Per esempio, i miei cacciatori hanno un rito. Il giovedì ballano con le ragazze del villaggio. Allora il giovedì è un giorno meraviglioso! Io posso andare in giro. Se i cacciatori ballassero sempre, allora ogni giorno assomiglierebbe agli altri e io non avrei mai una vacanza."

⭐

■siccome ～なので　■paziente (m) 辛抱強さ　■fonte (f) 源泉　■malintesi > malinteso (m) 誤解　■agitato 興奮した　■riti > rito (m) 習慣

「ぼくたちは、なつかせたもの、きずなを結んだものしか、本当に知ることはできないんだよ」キツネは言った。「人間たちは時間がなくなりすぎて、本当のことを何も知ることができないでいる。店に行って、できあがったものを買う。でも友達を買える店はないから、もう友達もいないんだ。友達がほしいなら、ぼくの心を開かせておくれ!」

「どうすればいいの?」小さな王子さまはたずねた。

「うんと辛抱強くあることだな」キツネは言った。「まず、ぼくからかなり離れて草の中にすわるんだよ。ぼくはきみを注意深く観察する。きみは一言も言わない。誤解っていうものはぜんぶ、話すことで起こるんだからね。でもきみは毎日、少しずつぼくの近くにすわれるようになる……」

翌日、小さな王子さまは戻ってきた。

「毎日、同じ時間に戻ってきたほうがいいね」キツネが言った。「きみがいつも昼の4時に来たら、ぼくは3時ごろから嬉しくなるよ。4時に近づけば近づくほど、嬉しくなるんだ。4時になったら、ぼくはもう有頂天になってるだろう。幸せとはどんなものかを知るんだ! でもきみが毎日違う時間に来たら、嬉しくなる準備をいつ始めていいのかわからないよ……。ならわしがいるんだ」

「ならわしってなんだい?」小さな王子さまがたずねた。

「これも、あまりにもたくさんの人が忘れてることさ」キツネは言った。「ならわしっていうのは、一日がほかの日と、一時間がほかの時間と違うようにすることさ。たとえば、ぼくを狩る猟師たちにもならわしがある。毎週木曜日には村の娘たちと踊りに行くんだ。だから、木曜日は毎週、天国さ! ぼくはどこでも散歩できる。でももし猟師たちがいつも踊ってたら、毎日は他の日と同じで、ぼくは休日なんか取れなくなっちゃうよ」

E così il piccolo principe addomesticò la volpe. Quando arrivò per il piccolo principe l'ora della partenza, la volpe disse:

"Oh! Piangerò..."

"La colpa è tua," disse il piccolo principe. "Io non volevo farti del male. Ma tu mi hai chiesto di addomesticarti..."

"È vero," disse la volpe.

"Ma piangerai!"

"Sì, certo."

"Allora cosa ci guadagni? Perché lo fai? Qual è il motivo?" chiese il piccolo principe.

"Il motivo è il colore dorato del grano," rispose la volpe. Poi aggiunse:

"Va' a rivedere le rose. Capirai che la tua è unica. Poi torna a salutarmi e ti racconterò un segreto. Sarà il mio regalo per te."

■guadagni > guadagnare 得られる

　こうして、小さな王子さまはキツネをなつかせた。やがて王子さまの出発するときが来て、キツネは言った。

　「ああ！　ぼくは泣くよ……」

　「きみのせいなんだよ」小さな王子さまは答えた。「きみを傷つけたくなかったんだ。でもきみが、なつかせてって言ったから……」

　「もちろんさ」キツネは言った。

　「でも泣くんじゃないか！」

　「もちろん」

　「だったら、きみには何のいいことがあるんだい？　どうしてこんなことをしたの？　どんな理由で？」小さな王子さまはたずねた。

　「理由は、麦の金色にある」キツネは答えた。

　そして付けくわえた。

　「戻っていって、バラ園を見てきたらいい。きみのバラがかけがえのないものだってわかるから。それからぼくにさよならを言いに来て。そうしたらきみに秘密を教えてあげよう。それがぼくからの贈り物だ」

Il piccolo principe se ne andò a rivedere le rose.

"Voi non siete per niente simili alla mia rosa. Voi non siete niente rispetto a lei," disse alle rose. "Nessuno vi ha addomesticate e voi non avete addomesticato nessuno. Voi siete come era la mia volpe. Non era che una volpe uguale a centomila altre volpi. Ma l'ho reso mio amico ed ora non esiste nessuna come lei al mondo."

E le rose erano a disagio.

"Voi siete belle ma siete vuote," disse il piccolo principe. "Nessuno morirebbe per voi. Certamente, una persona qualsiasi crederebbe che la mia rosa vi rassomigli. Ma io so che lei è più importante di tutte voi perché è la sola di cui mi sono preso cura. Perché è lei che ho messo sotto una campana. Perché è lei che ho riparato dal freddo. Perché per lei ho ucciso i bruchi (salvo i due o tre che sono diventati farfalle). Perché è lei che mi ha parlato e che è stata in silenzio con me. Perché lei è la mia rosa."

E ritornò dalla volpe.

"Addio," disse il piccolo principe.

"Addio," disse la volpe. "Ecco il mio segreto. È molto semplice: non si vede bene eccetto che con il cuore. L'essenziale è invisibile agli occhi."

"L'essenziale è invisibile agli occhi," ripeté il piccolo principe. Voleva essere sicuro di ricordarselo.

★

■rispetto a ～と比べて　■reso > rendere ～にする　■disagio 不快 ⇔ agio 居心地がいい　■vi rassomigli > rassomigliarsi 相似る

　小さな王子さまは戻っていって、バラ園のバラを見た。

　「きみたちは、ちっともぼくのバラに似てないね。くらべものにならないよ」王子さまはバラたちに言った。「だれも、きみたちをなつかせたことはなかったし、きみたちも、だれもなつかせたことがないんだ。ぼくのキツネは、昔はきみたちのようだった。ほかの何千のキツネと同じただのキツネだった。でもぼくがキツネを友達にしたから、今じゃ、世界中で彼みたいなキツネは他にいないんだ」

　バラたちは気をわるくした。

　「きみたちは美しいよ、でも空っぽだ」小さな王子さまはバラたちに言った。「だれもきみたちのためには死なないよ。もちろん普通の人には、ぼくのバラもきみたちと同じように見えるだろうね。でもぼくは、きみたちぜんぶよりも、ぼくのバラが大切だってわかってるよ。だって、ぼくが大切にしてきたのは、このバラなんだからね。ぼくがケースをかぶせ、寒さから守ってやり、毛虫を（蝶になるように残した2、3匹以外は）やっつけてあげたのは、このバラのためなんだ。ぼくとおしゃべりをして、ぼくと静かにいたのはこのバラなんだ。ぼくのバラだからだ」

　そして小さな王子さまはキツネのところに戻った。

　「さよなら」小さな王子さまは言った。

　「さよなら」キツネも言った。「ぼくの秘密を教えてあげるよ。とっても簡単なことなんだ。ぼくたちは、心の目で見ない限り、何もはっきりと見えないんだ。一番大切なものは、目に見えないんだよ」

　「一番大切なものは、目に見えない」小さな王子さまは繰り返した。どうしても憶えておきたかったのだ。

"È il tempo che hai speso per la tua rosa che l'ha resa così importante."

"È il tempo che ho speso per la mia rosa..." ripeté il piccolo principe. Voleva ricordare anche questo.

"Gli uomini hanno dimenticato questa verità," gli disse la volpe. "Ma tu non devi dimenticarla. Tu diventi responsabile per sempre di quello che hai addomesticato. Tu sei responsabile della tua rosa..."

"Io sono responsabile della mia rosa..." ripeté il piccolo principe. Voleva ricordarlo.

 # Capitolo XXII

"Buongiorno," disse il piccolo principe.

"Buongiorno," disse il controllore.

"Che cosa fai qui?" gli domandò il piccolo principe.

"Smisto i viaggiatori. Smisto i viaggiatori a mazzi di mille," disse il controllore. "Spedisco i treni che li trasportano. Alcuni treni vanno a destra. Altri vanno a sinistra."

E poi un treno illuminato passò sfrecciando, rombando come un tuono. Fece tremare la cabina del controllore.

■smisto > smistare 選別する　■mazzi > mazzo (m) 束　■spedisco > spedire 送る
■sfrecciando > sfrecciare 疾走する　■rombando > rombare とどろく

「きみがバラのために費やした時間、それがバラをこんなに大切にしたんだ」

「ぼくがバラのために費やした時間……」小さな王子さまは繰り返した。これを憶えておきたかったからだ。

「人は、この真実を忘れてしまった」キツネは言った。「でもきみは忘れちゃいけない。きみは、なつかせたもの、心を開かせた相手には、永久に責任があるんだ。きみのバラに、責任がある……」

「ぼくはバラに責任がある……」小さな王子さまは繰り返した。憶えておきたかったから。

第22章

「おはよう」小さな王子さまは言った。

「おはよう」列車の信号手は言った。

「ここで何をしてるの?」小さな王子さまはたずねた。

「旅行者をあちこちに移動させるのさ。一度に何千人も動かすんだよ」線路のポイントを切りかえる信号手は言った。「旅行者の乗った列車を動かすんだ。右へ行く列車もあるし、左へ行く列車もある」

その時、明かりを一杯つけた特急列車が走り去った。雷みたいな音をとどろかせながら、信号手の小屋を震わせていった。

"Hanno tutti fretta," disse il piccolo principe. "Che cosa cercano?"

"Lo stesso uomo che guida il treno lo ignora," disse il controllore.

E un secondo treno sfrecciò nel senso opposto.

"Ritornano di già?" chiese il piccolo principe.

"Non sono gli stessi," disse il controllore. "È uno scambio."

"Non erano contenti là dove stavano?"

"Le persone non sono mai contente dove stanno," rispose il controllore.

E un terzo treno.

"Inseguono il primo gruppo di viaggiatori?" domandò il piccolo principe.

"Non inseguono nulla," disse il controllore. "Dormono nel treno, o sbadigliano. Solo i bambini schiacciano il naso contro i finestrini."

"Solo i bambini sanno quello che cercano," disse il piccolo principe. "Perdono tempo a prendersi cura di una bambola, e la bambola diventa importante per loro. Se qualcuno gliela toglie, piangono..."

"Beati loro," disse il controllore.

■senso (m) 方向　■scambio (m) 入れ換え　■inseguono > inseguire 追う
■schiacciano > schiacciare 押しつける　■toglie > togliere 取り去る　■beati > beato
幸多き

「あの人たち、急いでるんだね」小さな王子さまは言った。「みんな、何を探してるの？」

「それは、列車の運転士も知らないんだよ」信号手は答えた。

2台目の列車が、急いで通り過ぎた。今度は反対方向へ進んでいった。

「あの人たち、もう帰っていくの？」小さな王子さまはたずねた。

「同じ人たちじゃないよ」信号手は言った。「あれは、すれ違ったんだ」

「自分のいた所で幸せじゃなかったから？」

「自分のいる場所で満足する人はいないね」信号手は答えた。

3台目の列車が通り過ぎた。

「あの人たち、1台目の旅行者に追いつこうとしてるの？」小さな王子さまはたずねた。

「何もしようとしてないよ」信号手は答えた。「列車の中では寝るか、あくびするかなのさ。窓に顔を押し付けているのは子どもたちだけだよ」

「子どもたちだけが、何をさがしているのかわかっているんだね」小さな王子さまは言った。「子どもたちは、時間をかけて人形の世話をやく、そうすると、その人形がとても大切になる。だからもしその人形を取り上げられたら、泣くんだ……」

「その子たちはラッキーなのさ」信号手は言った。

Capitolo XXIII

"Buongiorno," disse il piccolo principe.

"Buongiorno," disse il mercante.

Il mercante vendeva pillole speciali. Le pillole calmavano la sete delle persone. Se ne inghiottiva una a settimana, e non si sentiva più il bisogno di un bicchiere d'acqua.

"Perché vendi queste pillole?" gli chiese il piccolo principe.

"Si risparmia molto tempo," disse il mercante. "Gli esperti hanno fatto dei calcoli. Queste pillole fanno risparmiare cinquantatré minuti alla settimana."

"E cosa se ne fanno le persone di questi cinquantatré minuti?"

"Se ne fanno quello che vogliono..."

Il piccolo principe si disse: "Se io avessi cinquantatré minuti, camminerei lentamente verso una fontana di acqua fresca."

■mercante (m) 商人 ■pillole > pillola (f) 錠剤 ■risparmia > risparmiare 節約する ■esperti > esperto (m) 専門家 ■calcoli > calcolo (m) 計算

第23章

「おはよう」小さな王子さまは言った。

「おはよう」セールスマンは言った。

　このセールスマンは、特殊な錠剤を売っていた。これを飲むと、のどの渇きを感じなくなる。毎週、一錠ずつ飲めば、水を全く飲まなくてもいいのだ。

「どうしてこの錠剤を売ってるの？」小さな王子さまはたずねた。

「ものすごく時間が節約できるからさ」セールスマンは言った。「科学者たちが計算したんだ。この錠剤で、毎週53分の節約になる」

「その53分で何をするの？」

「何でも、やりたいことをやるのさ……」

「もし53分あったら、ぼくなら、きれいな水の出る井戸にゆっくりと歩いていくけどなあ」小さな王子さまはつぶやいた。

Capitolo XXIV

Erano passati otto giorni dal mio incidente con l'aeroplano. Mentre ascoltavo il piccolo principe raccontare la storia del mercante, ho bevuto l'ultima goccia d'acqua che avevo.

"Ah!" Dissi al piccolo principe. "I tuoi ricordi sono molto interessanti ma io non ho ancora riparato il mio aeroplano. E non ho più acqua da bere. Sarei molto felice se potessi camminare lentamente verso una fontana di acqua fresca!"

"Il mio amico la volpe mi disse..."

"Ma caro il mio piccolo amico, questo non ha niente a che fare con una volpe!"

"Perché?"

"Perché moriremo di sete..."

Non capì. E disse, "Fa bene avere avuto un amico anche se poi si muore. Sono molto contento di avere avuto una volpe come amico..."

"Non capisce il pericolo," dissi a me stesso. "Non ha mai né fame né sete. Gli basta un po' di sole..."

第24章

　ぼくの飛行機が墜落してから8日たった。小さな王子さまがセールスマンの話をするのを聞きながら、ぼくは残った水の最後の一滴を飲んだ。

　「ああ！」ぼくは小さな王子さまに言った。「きみの思い出話にはとても興味を引かれるよ。でも飛行機は修理できてない。水も、もうない。真水の出る井戸へゆっくりと歩いていけたら、ぼくはそれこそ嬉しいだろうよ！」

　「ぼくの友達のキツネが言ったことには……」
　「でもきみ、キツネとは全く関係ないんだ！」

　「なぜ？」
　「なぜって、ぼくらはのどが渇いて死んでしまうからさ……」
　王子さまにはわからなかった。そして言った。「もし死ぬとしても、友情を培っておいたのはいいことだよ。ぼくは、キツネと友達になったこと、本当に嬉しいよ……」
　「王子さまは、この危険がわかっていない」ぼくは心の中で思った。「腹が減ったり、のどが渇いたりということがないんだ。お日さまがほんの少しあれば、生きていけるんだ……」

Ma mi guardò e rispose ai miei pensieri.

"Anche io ho sete... Andiamo a cercare un pozzo di acqua fresca..."

Mi sentivo stanco. Pensai fosse sciocco cercare un pozzo nel deserto. Il deserto era così immenso. Non sapevamo dove cercare. Tuttavia ci incamminammo.

Camminammo per ore senza proferir parola. Venne la notte e comparvero le stelle. Per la sete non mi sentivo molto bene. Tutto mi sembrava un sogno. Le parole del piccolo principe danzavano nella mia testa.

"Hai sete anche tu?" Gli chiesi.

Ma non mi rispose. Disse semplicemente:

"Un po' d'acqua può far bene anche al cuore..."

Non capii la sua risposta. Non gli chiesi cosa volesse dire... Sapevo che non ce ne era bisogno.

Era stanco e si sedette. Mi sedetti accanto a lui. Dopo un po' lui disse:

"Le stelle sono belle. Sono belle perché da qualche parte c'è un fiore che non riesco a vedere da qui..."

"Sì", dissi e guardai la sabbia sotto la luna.

"Il deserto è bello," osservò il piccolo principe.

■sciocco ばかげている　■pozzo (m) 井戸　■proferir > proferire 口に出す
■comparvero > comparire 現れる　■accanto a 隣に

しかし、王子さまはこちらを見て、ぼくの思っていることにちゃんと答えた。

「ぼくものどが渇いたよ……。真水の出る井戸を探しに行こう……」

ぼくは疲れを感じた。砂漠の中で、井戸を探すなんてばかばかしいと思った。この砂漠は巨大だ。どこから探せばいいのか見当もつかない。でもとにかく、ぼくらは歩き始めた。

何時間も、ぼくらはただ歩いて、一言もしゃべらなかった。夜になって、星が出た。ぼくはあんまりのどが渇いて、気分がわるくなった。何もかもが夢の中のできごとのようだ。小さな王子さまの言葉が、ぼくの頭のなかで踊る。

「じゃ、きみものどが渇いてるんだね？」ぼくはたずねた。

でも王子さまは答えなかった。ただ、こう言っただけだった。

「水は心にもいいんだよ……」

ぼくにはわからなかった。それでも、どういう意味かと聞いたりしなかった……。その必要がないことは、わかっていたから。

王子さまは疲れて、すわり込んだ。ぼくも隣にすわった。しばらくして、王子さまが言った。

「星はきれいだ。ここからは見えない花が、どこかで一輪咲いているからだね……」

「そうだね」ぼくは言って、月に照らされた砂の起伏を見つめた。

「砂漠は美しい」小さな王子さまが言った。

Ed era vero. Mi è sempre piaciuto il deserto. Nel deserto ci si siede sulla sabbia. Non si vede nulla. Non si sente nulla. Eppure qualcosa risplende in silenzio...

"Il deserto è bello," disse il piccolo principe, "perché un pozzo è nascosto da qualche parte."

All'improvviso capii perché il deserto era bello. Quando ero piccolo, abitavo in una casa antica. Le persone avevano sempre creduto che quella casa nascondesse un tesoro. Naturalmente nessuno l'ha mai trovato. Forse nessuno l'ha mai realmente cercato. Ma la storia del tesoro riempiva la casa e la rendeva bella. La mia casa nascondeva un segreto nel fondo del suo cuore...

"Sì", dissi al piccolo principe. "Non importa che sia una casa, le stelle o il deserto, ciò che le rende belle è invisibile agli occhi!"

"Sono contento che tu sia d'accordo con la mia volpe," disse.

Il piccolo principe incominciava ad addormentarsi. Lo presi tra le braccia e mi rimisi in cammino. Ero commosso. Mi sembrava di portare un fragile tesoro. Mi sembrava che non ci fosse niente di più fragile sulla Terra. Alla luce della luna guardavo quella fronte pallida, quegli occhi chiusi, quelle ciocche di capelli che si muovevano al vento. E dissi a me stesso: "Quello che vedo è solo la scorza. La parte più importante è invisibile..."

■risplende > risplendere 光り輝く　■nascosto >nascondere 隠す　■tesoro (m) 宝
■riempiva > riempire いっぱいにする　■d'accordo 同意見で　■commosso 心動かさ
れる　■pallida 青白い　■ciocche > ciocca (f) ふさ　■scorza (f) 皮、外見

　そのとおりだった。ぼくはいつも砂漠を愛してきた。砂漠では、砂の上にすわるのだ。何も見えない。何も聞こえない。なのに、何か美しいものが静寂を満たすのだ……。

　「砂漠は美しい」小さな王子さまが言った。「どこかに井戸が隠されているから」

　突如としてぼくは、砂漠がなぜ美しいかを理解した。子どもだったころ、ぼくはとても古い家に住んでいた。その家のどこかに宝物が隠されているらしいとずっと言われてきた。もちろん、だれも見つけたものはいない。真剣に探した人もいなかったのだろう。それでも、この宝物の言い伝えが家を満たし、美しくした。ぼくの家は、見えない中心部の奥深く、秘密を隠していたのだ……。

　「そうだ」ぼくは小さな王子さまに言った。「ぼくらの話していることが家でも、星でも、砂漠でも関係ない――それらを美しくしているものは、目には見えないんだ！」

　「きみが、友達のキツネと同じことを考えていてくれてうれしいよ」王子さまは言った。

　そして、小さな王子さまは眠りに落ちた。ぼくは彼を抱き上げた。王子さまを抱きかかえて、歩いた。ぼくは胸がいっぱいだった。こわれそうな宝物を抱えている気がした。この地上で、これほど繊細でこわれやすいものはないような気がした。月明かりに、ぼくはその青白い顔や、閉じた眼、風にかすかに揺れる髪を見つめた。ぼくは心の中で思った。「今見ているのは、外側の、殻にすぎないんだ。一番大切な部分は目には見えないんだ……」

Nel guardare le sue labbra semiaperte che abbozzavano un sorriso mentre dormiva, dissi a me stesso: "La cosa che mi riempie il cuore è il vero amore del piccolo principe per il suo fiore. Il suo amore risplende dall'interno come la luce di una lampada. E risplende anche quando dorme..." E lo pensavo ancora più fragile. Quella luce deve essere protetta: un colpo di vento la può spegnere...

Al levar del sole trovai il pozzo.

■labbra > labbro (m) くちびる　■semiaperte > semiaperto 半開き　■abbozzavano un sorriso > abbozzare un sorriso 微笑を浮かべる　■un colpo di ～一息で　■levar del sole 日の出

　眠りの中で、半分笑ったような王子さまの唇を見ながら、ぼくは思った。「小さな王子さまの持つ、自分の花への本物の愛が、ぼくの心を満たす。王子さまの愛は、ランプの光みたいに、彼の内側から光を放ってる。眠っているときでさえ輝いて……」そうすると、王子さまはなおいっそう、こわれやすいものに思えるのだった。この光は守らなければならない。ほんのかすかな風で消えてしまうかもしれないのだから……。

　その日の早朝、ぼくは井戸を見つけた。

覚えておきたいイタリア語表現

> Ma se tu mi addomestichi, noi avremo bisogno l'uno dell'altro.
> (p.150, 下から11行目)
> でもきみにぼくがなついたら、ぼくたちはお互いが必要になるんだ。

【解説】addomesticare「飼いならす」という動詞は、ここではポジティブな意味で使われています。

【例文】
　　① Un lupo non può essere addomesticato.
　　　　オオカミを飼いならすことはできない。
　　② Allora sarà meraviglioso quando mi avrai addomesticato!
　　　　(p.152, 下から7–6行目)
　　　　そのきみが、ぼくの心を開いてなつかせてくれたら、すてきだろうなあ！

> Non c'è niente di perfetto. (p.152, 4行目)
> 完ぺきなものはないんだな。

【解説】niente di ＋不定詞で「〜なことが何も（ない）」を表します。「完璧な人はいない」ならば、Nessuno è perfetto. になります。

【例文】
　　① Non c'è niente di nuovo?　　変わったことは何もありませんか？
　　② Come dice il proverbio, nessuno è perfetto.
　　　　ことわざにあるように、完璧な人はいない。

> Il grano dorato mi farà pensare a te. (p.152, 下から6–5行目)
> 金色の麦を見たら、ぼくはきみのことを思うよ。

【解説】本文の A fare pensare a B「A は B を想起させる」とよく似た表現に A ricordare B「想起させる」があります。

【例文】
　　① I suoi occhi mi fanno pensare a quelli di un gatto.
　　　　彼の目は猫の目を思わせる。
　　② L'Italia nella sua forma ricorda uno stivale.
　　　　イタリアはその形から長靴を連想させる。

La colpa è tua. (p.156, 4行目)
きみのせいなんだよ。

【解説】事の原因を誰かのせいにするときに使う表現です。「ぼくのせいじゃないよ！」は Non è colpa mia! となります。所有形容詞が後ろに置かれて、定冠詞が脱落する構文で、感嘆のニュアンスが強調されています。la colpa「責任」を含む他の表現として、avere colpa「責任がある、落ち度がある」、per colpa di 〜「〜のせいで」などがあります。

【例文】
① Non è colpa tua.　君のせいじゃないよ。
② Non è colpa mia se il tuo caffè latte è freddo, non ti trovavo.
カフェラッテが冷めてても私のせいじゃないわ。あなたが見つからなかったのよ。
③ La schiena mi fa male per colpa di questa sedia.
この椅子のせいで背中が痛い。

E le rose erano a disagio. (p.158, 7行目)
バラたちは気をわるくした。

【解説】essere a disagio は「心地が悪い、困っている」という意味の言い回しです。「困った」感情を表す表現をおさえておきましょう。

【例文】
❑ confuso　困惑した／混乱した
Ero confuso a causa di questa situazione con Giulia.
そのジュリアとの関係のせいで私は困惑していた。

❑ sentirsi in imbarazzo　困惑する
Ho solo detto delle cose molto stupide. E adesso mi sento in imbarazzo.
私は非常に愚かなことばかり言ったが、今になって困惑している。

È il tempo che hai speso per la tua rosa che l'ha resa così importante. (p.160, 1–2行目)
きみがバラのために費やした時間、それがバラをこんなに大切にしたんだ。

【解説】英語でいう it is ... that の強調構文で、il tempo che hai speso per la tua rosa が強調されています。また、rendere（過去分詞 resa）＋ 形容詞で「〜にする」という言い回しです。

【例文】

La notizia l'ha resa molto triste. その知らせは彼女をとても悲しませた。

Alcuni treni vanno a destra. Altri vanno a sinistra. （p.160, 下から4–3行目）
右へ行く列車もあるし、左へ行く列車もある。

【解説】alcuni…altri… は二つの異なる状況を比較する表現です（「ある人たちは…他の人たちは…」）。

【例文】

Alcuni parlavano con i loro amici, altri bevevano senza dire niente.
友達と話している人もいたし、黙って飲んでいる人もいた。

Hanno tutti fretta. （p.162, 1行目）
あの人たち、急いでるんだね。

【解説】avere fretta は「急いでいる」という成句です。また、in fretta (di fretta)「急いで、あわてて」もよく使われます。

【例文】

① Non ho fretta. 私は急いでいません。
② Non mangiare in fretta. あわてて食べてはいけません。

Ero commosso. （p.170, 下から6行目）
ぼくは胸がいっぱいだった。

【解説】感動を表す表現として、形容詞commosso「感動した」、動詞commuovere「感動させる」、commuoversi「感動する」の用法を見ておきましょう。

【例文】

① Sono commosso dalla la tua preoccupazione.
気遣ってくれて感動したよ。
② La performance del piccolo Alessandro mi ha commosso fino alle lacrime. 私は小さなアレッサンドロの演技に涙が出るほど感動した。
③ È rimasta commossa davanti à una storia che stavo raccontando.
彼女は私の話に感動した。

Parte 7

---- ✳ ----

Capitolo 25-27

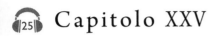 # Capitolo XXV

"Gli uomini si ficcano sui treni," disse il piccolo principe. "Ma non sanno cosa cercano. Allora si arrabbiano. E girano in tondo..."

E aggiunse:

"Non c'è motivo per farlo..."

Il pozzo che avevamo trovato non assomigliava ai pozzi del Sahara. La maggior parte dei pozzi nei deserti sono semplici buchi scavati nella sabbia. Questo assomigliava a un pozzo di villaggio. Ma non c'era alcun villaggio intorno. E mi sembrava di sognare.

"È strano," dissi al piccolo principe. "È tutto pronto: la carrucola, il secchio e la corda..."

Rise e sollevò la corda. Iniziò a far muovere la carrucola. La carrucola gemette come una vecchia banderuola dopo che il vento ha dormito a lungo.

"Senti?" disse il piccolo principe. "Noi svegliamo questo pozzo e lui canta..."

Non volevo che facesse tutto il lavoro da solo.

"Lasciami fare," gli dissi. "È troppo pesante per te."

■si ficcano > ficcarsi 入り込む　■girano in tondo > girare in tondo　ぐるぐる回る
■la maggior parte dei > la maggior parte di ～　大半の　　■scavati > scavare 掘る
■gemette > gemere うめく　■pesante 重い

第25章

「人間たちって、列車に乗ろうとして急ぐんだね」小さな王子さまは言った。「でも、自分が何を探しているのかわからないんだ。だから、腹を立てる。そして、同じところをぐるぐると走り回るんだ……」

王子さまは続けて言った。

「そんなことをする理由は一つもないのにね……」

ぼくらが見つけた井戸は、サハラ砂漠にある普通の井戸とは違っていた。砂漠の井戸というものはたいてい、砂に穴を掘っただけのものだ。これは、村にある井戸のようだった。でもこのあたりに村はない。夢を見ているのかもしれないと思った。

「不思議だね」ぼくは小さな王子さまに言った。「何もかも、そろってる。滑車も、つるべも、ロープも……」

王子さまは笑って、ロープをつかみ、滑車を動かし始めた。滑車は、久しぶりの風を受けた古い風見鶏のように、きしんだ音を立てた。

「聞こえるかい？」王子さまは言った。「ぼくらは井戸を目覚めさせたんだ。今はほら、歌ってる……」

ぼくは、王子さまひとりに作業をやらせたくなかった。

「ぼくがやろう」ぼくは言った。「きみには重すぎるよ」

Issai lentamente il secchio. Lo misi in equilibrio sul pozzo. Riuscivo a sentire ancora il canto della carrucola nelle mie orecchie. Riuscivo a vedere il sole che tremava nell'acqua.

"Ho sete di quest'acqua," disse il piccolo principe. "Dammi da bere..."

E capii quello che stava cercando!

Sollevai il secchio alle sue labbra. Bevette con gli occhi chiusi. L'acqua era dolce. Bere era come una festa. Quest'acqua era più di una semplice bevanda. Era dolce perché era nata dalla marcia sotto le stelle, dal canto della carrucola e dallo sforzo delle mie braccia. Faceva bene al cuore. Come un dono. Mi venne a mente quando ero piccolo, a Natale, e le luci dell'albero di Natale e la musica della messa di mezzanotte creavano quella gioia che per me rappresentava il mio regalo di Natale.

★

■issai > issare 引き上げる　■misi in equilibrio > mettere in equilibrio バランスを取る　■tremava > tremare 震える　■marcia (f) 行進　■sforzo (m) 努力　■dono (m) 贈り物　■mente (f) 記憶　■albero di Natale クリスマスツリー

　ゆっくりと、ぼくはつるべを引っ張り上げて、井戸のふちにのせた。今でも、耳の奥であの滑車の歌が聞こえる。水面に反射する太陽の光が見える。

　「この水が飲みたい」王子さまは言った。「少し飲ませてよ……」

　この時、ぼくは、王子さまの探し物がわかったのだ！

　ぼくはつるべを王子さまの口元に持っていった。王子さまは目を閉じて、飲んだ。水は甘かった。それを飲むのは祝祭のようだった。この水は、ただの飲み水じゃない。これが甘いのは、ぼくらが星降る空の下を歩き、滑車が歌い、ぼくが腕に力を込めて汲んだからだ。この水は、心にいい水なのだ。贈り物みたいに。子どもの頃のクリスマスがよみがえってくる。ツリーを飾るたくさんの光や、真夜中のミサの音楽が、ぼくらの心を喜びで満たしてくれた。それこそが、クリスマスの贈り物だった。

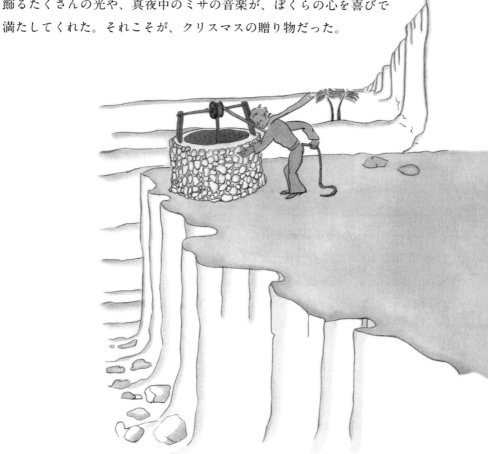

Il piccolo principe disse, "Gli uomini su questo pianeta coltivano cinquemila rose in un unico giardino...e non trovano quello che cercano..."

"Non lo trovano," risposi.

"E tuttavia quello che cercano potrebbe essere trovato in una sola rosa o in un po' d'acqua..."

"Certo," risposi.

"Ma gli occhi non riescono a vedere. Dobbiamo cercare con il cuore."

Avevo bevuto dell'acqua. Mi sentivo meglio. Al levare del sole, la sabbia del deserto era colore del miele. Ero felice di guardare quella sabbia. Perché, quindi, mi sentivo angustiato?

"Devi mantenere la tua promessa," mi disse il piccolo principe dolcemente. Si era seduto di nuovo vicino a me.

"Quale promessa?"

"Sai... una museruola per la pecora... Sono responsabile di quel fiore."

Tirai fuori dalla tasca i miei disegni. Il piccolo principe li vide e disse ridendo:

"I tuoi baobab assomigliano a dei cavoli..."

"Oh!" Io ero così fiero dei miei baobab!

"E la tua volpe... le sue orecchie... assomigliano un po' a delle corna... e sono troppo lunghe!"

E rise ancora. Gli dissi:

■coltivano > coltivare 栽培する　■angustiato 気がかりな　■mantenere 守る
■museruola (f) 口輪

　小さな王子さまは言った。「この惑星の人たちは、たった一つの庭に5000本のバラを植える……それでも、探しているものを見つけられないんだ……」

「見つけられないね」ぼくは応えた。

「探し物は、たった一本のバラや、たった一杯の水の中に見つけられるのにね……」

「ほんとうだね」ぼくは言った。

「でもぼくらの目には見えない。心の目で見なければならないんだ」

　ぼくは水を飲んだおかげで、気分がよくなっていた。朝の光の中で、砂漠の砂ははちみつの色をしている。ぼくは満ち足りた気持ちでそれをながめた。なのになぜ、まだ悲しいのだろう？

「約束を守ってね」王子さまは静かに言った。ぼくの隣にすわっていた。

「約束って、なんの？」

「ほら……ぼくのヒツジの口輪だよ……。ぼくは、あの花に責任があるんだ」

　ぼくは、ポケットから絵を取り出した。小さな王子さまはそれを見て、笑い始めた。

「きみのバオバブは、キャベツみたいだね……」

「えっ！」ぼくはバオバブの絵にはかなり自信があったのに！

「それにキツネも……耳が……ちょっと角みたいじゃないか……それに長すぎるよ！」

　王子さまはまた笑った。ぼくは言った。

"Sei ingiusto, mio piccolo amico. Non sapevo disegnare altro che boa dal di dentro e dal di fuori."

"Oh! Andrà bene," disse. "I bambini capiranno."

Disegnai una museruola per la sua pecora. Ma il mio cuore era triste.

Gli dissi: "Hai dei progetti che non hai condiviso con me..."

Ma lui non rispose. Mi disse:

"Domani, sai, sarà un anno da quando sono caduto sulla Terra..."

Poi, dopo un po', disse:

"Il posto dove sono caduto è qui vicino..." E arrossì.

Di nuovo, senza capire il perché, mi sentii stranamente triste. Gli chiesi:

"Allora non è per caso che, il mattino in cui ti ho conosciuto, passeggiavi nel deserto? Ritornavi verso il posto dove sei caduto?"

Il viso del piccolo principe era diventato rosato. Stava ancora arrossendo. Aggiunsi:

"Forse stavi ritornando perché è un anno da quando sei caduto sulla Terra?"

Non rispondeva mai alle mie domande. Ma quando si arrossisce, vuol dire "sì", non è vero?

"Oh!" dissi. "Ho paura..."

Ma mi rispose:

"Ora devi andare. Torna a lavorare sul tuo aeroplano. Ti aspetto qui. Torna domani sera..."

■ingiusto 不公平　■progetti > progetto (m) 計画、考え　■condiviso > condividere 共有する　■stranamente 奇妙にも　■rosato > rosare バラ色になる

「きみ、きみ、それはフェアじゃないよ。ぼくはもともと、大蛇ボアの内と外しか描けないんだからね」

「それでいいんだよ」王子さまは言った。「子どもたちにはわかるよ」

ぼくは王子さまのヒツジにはめる口輪を描いた。でもぼくの心は、なぜか悲しみに沈んでいた。

ぼくは王子さまに言った。「ぼくに話してくれてない計画があるんだね……」

でも王子さまは答えなかった。代わりにこう言ったのだ。

「明日は、明日はね、ぼくが地球に落ちてきてから1年になるんだ……」

そして、少し黙ってからこう言った。

「ぼくが落ちたところは、ここからかなり近いんだ……」王子さまの顔は薄桃色に染まった。

今度も、なぜだかわからないまま、ぼくは奇妙な胸の痛みにおそわれて、たずねた。

「ということは、ぼくがきみに初めて会った朝、砂漠を偶然歩いていたわけじゃなかったのかい? 落ちた場所へ戻ろうとしていたんだね?」

小さな王子さまの顔はいよいよ赤みが増した。まだ頬を染めている。ぼくは続けた。

「きっと、地球に落ちてから1年だから、戻ろうとしていたんだね?」

王子さまは、ぼくの質問には答えなかった。でも、だれかが頬を染めるとき、それは「うん」ということだよね?

「ああ!」ぼくは言った。「ぼくはきみのことが心配だ……」

でも王子さまは言った。

「きみはもう、行かなきゃ。戻って、飛行機の修理をして。ぼくはここで待ってるよ。明日の夜、戻ってきて……」

Ma non mi sentii meglio. Mi ricordavo della volpe. Se ci si è lasciati addomesticare il rischio è di rattristarsi...

 # Capitolo XXVI

Di fianco al pozzo c'era un vecchio muro di pietra. Quando ritornai la sera successiva, vidi il mio piccolo principe seduto sul muro. Lo udii dire:

"Non ti ricordi? Non era proprio qui!"

Qualcun altro gli rispondeva perché lui replicò:

"Oh, sì, sì! Oggi è il giorno, ma non è questo il luogo..."

Continuai a camminare verso il muro. Non vedevo né udivo nessuno tranne il piccolo principe. Il piccolo principe replicò di nuovo:

"... Sicuro. Vedrai le mie tracce nella sabbia. Non devi fare altro che aspettarmi. Sarò là questa notte."

Ero a venti piedi dal muro. E non vedevo ancora nessuno.

Dopo un po', il piccolo principe disse:

"Hai del buon veleno? Sei sicuro di non farmi soffrire troppo tempo?"

■rattristarsi 悲嘆にくれる ■di fianco a ～のかたわらに ■muro (m) 壁 ■udii > udire 聞こえる ■replicò > replicare 返事する ■tranne ～以外 ■tracce > traccia (f) 足跡 ■veleno (m) 毒

ぼくの気持ちはちっとも晴れなかった。キツネのことを思い出していた。心を開いてなつかせることを許したら、つらい気持ちになる危険も冒すんだ……。

第26章

井戸のかたわらには、古い石の壁が立っていた。次の日の夜、ぼくが戻ると、ぼくの小さな王子さまが壁の上にすわっているのが見えた。そしてこう言うのが聞こえた。

「覚えていないの？　正確にはここじゃなかったよ！」

だれかが答えたに違いない。王子さまは言い返している。

「ああ、そう、そうなんだ！　今日がその日だよ。でも場所はここじゃない……」

ぼくは壁に向かって歩き続けた。小さな王子さま以外には、だれの姿も声もない。でも王子さまはまたこう言った。

「……もちろんだよ。砂の上にぼくの足跡が見えるよ。きみは、ぼくが来るのを待つだけでいいんだ。今晩、そこに行くから」

ぼくは、壁から20フィートのところに来ていた。それでも、だれも見えない。

少ししてから、王子さまがたずねた。

「きみのはいい毒なんだね？　あまり長く苦しまなくてもいいんだね？」

Mi arrestai. Il cuore stretto ma ancora non capivo.

"Ora vattene," lui disse. "Voglio scendere da questo muro."

Allora guardai ai piedi del muro. E balzai in piedi in preda a uno shock.

Là, drizzato verso il piccolo principe, c'era uno di quei serpenti gialli che ti uccidono in trenta secondi. Presi la pistola e mi misi a correre verso il muro. Ma sentendo il rumore, il serpente si lasciò scivolare dolcemente nella sabbia e scomparve tra le pietre.

Arrivai al muro e presi tra le braccia il piccolo principe. Il suo volto era pallido come la neve.

"Che sta succedendo qui? Perché parli con i serpenti?"

Gli slegai la sciarpa. Gli asciugai la fronte. Gli feci bere un po' d'acqua. Ma non osavo fargli altre domande. Mi guardò. Poi mi mise le braccia al collo. Sentivo il suo cuore battere. Sembrava il cuore di un uccello che muore quando gli hanno sparato.

Disse:

"Sono contento che tu sia riuscito a riparare il tuo aeroplano. Adesso puoi ritornare a casa..."

"Come lo sai?" Gridai. Stavo appunto per dirgli che finalmente avevo riparato il mio aeroplano!

Non mi rispose ma disse:

"Anche io oggi torno a casa..."

Poi aggiunse malinconicamente, "È molto più lontano... è molto più difficile..."

■mi arrestai > arrestarsi 止まる　■stretto 締めつけられる　■uccidono > uccidere 殺す　■scivolare すべる　■scomparve > scomparire 姿を消す　■slegai > slegare ゆるめる　■sciarpa (f) えり巻き　■osavo > osare あえて〜する　■battere 脈打つ
■sparato > sparare 撃たれる　■malinconicamente 悲しげに

ぼくは立ち止まった。ぼくの心は凍りついた。でもまだわからなかった。

「もう行ってよ」王子さまは言った。「この壁から降りたいんだ」

ぼくは壁の足もとへ目をやって、跳び上がった！ 30秒で人の命を奪える黄色いヘビが、小さな王子さまを見上げていた。ぼくは銃を手に取り、壁に向かって走り出した。その音を聞きつけて、ヘビはゆるやかに砂の上をすべり、石の間に消えてしまった。

ぼくは壁にたどり着いて、王子さまを腕に抱きとめた。王子さまの顔は、雪のように蒼白だった。

「どういうことなんだ？ なぜヘビなんかと話してるんだ？」

ぼくは王子さまの襟巻きをほどいた。そして額を拭いた。少し水を飲ませた。でも、それ以上、たずねるのが怖かった。王子さまはぼくを見つめ、両腕でぼくの首に抱きついた。王子さまの胸の鼓動が伝わってきた。撃たれて、息絶えようととしている、鳥の鼓動のようだった。王子さまは言った。

「きみの飛行機が直ってよかった。
これで、きみは家に帰れるね……」

「どうして知ってるの？」ぼくは叫んだ。ついに直ったと、今言うところだったのだから！

王子さまは答えずに、こう言った。

「今夜、ぼくも家に帰るよ……」

王子さまは悲しそうに付け足した。
「もっと、ずっと遠くて、
もっとずっと難しい
けれど……」

Sentivo che stava per accadere qualcosa di straordinario. Stringevo il piccolo principe tra le braccia. Eppure, sembrava stesse scivolando via, senza che io potessi fare nulla per trattenerlo.

I suoi occhi erano tristi. Sembrava fosse perso nei suoi pensieri, lontano.

Disse, "Ho la tua pecora. E ho la scatola per la pecora. E la museruola..."

Sorrise con malinconia.

Attesi a lungo. Mi sembrava che stesse meglio. Dissi:

"Mio piccolo amico, hai avuto paura..."

Aveva avuto sicuramente paura! Ma rise con dolcezza e disse, "Avrò ben più paura questa sera..."

Mi sentii raggelare di nuovo. E capii quanto sarei stato male a non sentire più quella risata. Per me quella risata era come una fontana di acqua fresca nel deserto.

"Mio piccolo amico, voglio ancora sentirti ridere..."

Ma mi disse:

"Stanotte sarà un anno da quando sono arrivato qui. La mia stella sarà proprio sopra il luogo dove sono caduto l'anno scorso..."

"Mio piccolo amico, dimmi che questa storia del serpente e della stella è solo un brutto sogno."

Ma lui non mi rispose. E mi disse:

■accadere 起こる　■straordinario 異常な　■raggelare 凍る

　何か、はかりしれない、恐ろしいことが起きようとしていた。ぼくは、王子さまを赤ちゃんを抱きしめるように腕に抱いた。でも、たとえ何をしても、王子さまがすり抜けて離れていくのを感じた。

　王子さまの悲しげなまなざしは、はるかかなたをさまよっていた。

　ぼくは言った。「きみのヒツジの絵があるよ。ヒツジの入る箱もあるし、口輪もあるよ……」

　王子さまは寂しそうに微笑んだ。

　ぼくは長いこと待った。王子さまは少しよくなったように見えた。ぼくは言った。

　「ぼくの大切な友よ、怖かっただろう……」

　怖かったに決まっている！　なのに、王子さまはやさしく笑って言った。「ぼく、今夜になればもっと怖いよ……」

　ふたたび、ぼくは恐怖に凍りついた。そして、王子さまのこの笑い声がもう二度と聞けなくなるのかと思うと、とても耐えられないことに気付いた。ぼくにとって、あの笑い声は砂漠の中の真水の井戸のようだったのだ。

　「ぼくの大切な友よ、きみの笑い声をもう一度聞きたい……」

　王子さまはただこう言った。

　「今夜、ぼくがここに来てからちょうど１年になる。ぼくの星は、ぼくが１年前に落ちた場所の真上に来るんだ……」

　「友よ、このヘビと星の話は、ただのわるい夢だと言っておくれよ」

　でも王子さまは、ぼくのことばに答えなかった。そしてこう言った。

"L'essenziale è invisibile agli occhi..."

"Certo..."

"È come per il fiore. Se tu vuoi bene a un fiore che vive su una stella, ti rende felice guardare il cielo di notte. Tutte le stelle sembrano fiori."

"Certo..."

"È come per l'acqua. L'acqua che mi hai dato da bere era come musica. La carrucola e la corda cantavano... Ti ricordi... era bello."

"Certo..."

"Guarderai le stelle, la notte. La mia stella, la mia casa, è troppo piccola perché possa mostrartela. Meglio così. La mia stella sarà semplicemente una delle stelle per te. E così ti piacerà guardare tutte le stelle. Tutte saranno tue amiche. E poi ti voglio fare un regalo..." E rise ancora.

"Ah! Mio piccolo amico, ometto mio, mi piace sentirti ridere!"

"Questo sarà il mio regalo... sarà come l'acqua."

"Che cosa vuoi dire?"

"A seconda degli uomini, le stelle hanno un significato diverso. Per i viaggiatori, le stelle li guidano. Per gli altri, non sono che delle piccole luci nel cielo. Per altri che sono dei sapienti, le stelle sono cose a cui pensare. Per il mio uomo d'affari, erano come l'oro. Ma tutte queste stelle stanno zitte. Tu, tu avrai delle stelle come nessun altro..."

■sapienti > sapiente (m/f) 学者　■zitte > zitto 静か

「いちばん大切なものは目には見えない……」

「そうだね……」

「ぼくの花もそうだ。どこかの星に咲いている一輪の花を愛したら、夜空を見上げるのが嬉しくなる。星がぜんぶ、花に見えるから」

「そのとおりだ……」

「水だって同じだ。君が飲ませてくれたあの水は、音楽のようだった。滑車も、ロープも歌ってた……。ほら、思い出すだろう……素敵だった」

「そうだね……」

「夜になったら星を見てね。ぼくの星、ぼくの家は、小さすぎて、どこにあるのかきみに見せてあげられない。でもそのほうがいいんだ。ぼくの小さな星は、たくさんの星の一つになるんだからね。だからきみは、星ぜんぶを見るのが好きになるよ。ぜんぶの星が、きみの友達になるんだ。それから、贈り物をきみにあげるよ……」王子さまは、また笑った。

「ああ、友よ、友よ、きみの笑い声を聞くのが大好きだ！」

「そう。それがぼくの贈り物だよ……、さっきの水みたいにね」

「どういうこと？」

「星の意味は、見る人によって違うよね。旅行者には、星は導きとなってくれる。ほかの人にとっては、空にある小さな光でしかない。学者にとっては星は考える対象だし、ぼくの出会った実業家にとっては、星は金でできているんだ。でもどの星も音を立てない。でもきみ、きみの星は、ほかのだれのとも違う……」

"Che cosa vuoi dire?"

"Guarderai il cielo la notte... E visto che io abiterò su una di quelle stelle, visto che io riderò su una di quelle stelle, sentirai tutte le stelle ridere. Tu solo avrai delle stelle che ridono!"

E rise ancora.

"E quando ti sarai consolato (ci si consola sempre dopo un po'), sarai contento di avermi conosciuto. Sarai sempre il mio amico. Avrai voglia di ridere con me. E una volta ogni tanto aprirai la finestra... e tutti i tuoi amici saranno sorpresi di vederti ridere quando guardi il cielo. E allora tu gli dirai: "Sì, le stelle mi fanno sempre ridere!". E ti crederanno pazzo. Ti avrò messo in una strana situazione..."

E rise ancora.

"Sarà come se ti avessi dato, invece delle stelle, mucchi di sonagli che ridono..."

E rise ancora. Poi divenne serio. Disse, "Questa notte, sai, non venire."

Gli dissi, "Non ti lascerò."

"Sembrerà che mi senta male... Sembrerà un po' che io muoia. È così. Non venire a vedere... non ne vale la pena."

"Non ti lascerò."

■pazzo 狂っている ■mucchi > mucchio 山ほどの ■sonagli > sonaglio (m) 鈴
■ne vale la pena ～ほどの価値もない

「どういうこと？」

「きみは夜、空を眺める……そして、ぼくが空一杯の星の一つに住んでいるから、ぼくがその星で笑ってるから、きみには、星という星が笑ってるように聞こえるよ。笑う星々を持つのはきみだけだ！」

王子さまはまた笑った。

「そして、きみがまた幸福な気持に満たされた時には（どんなときでも、しばらくたてば悲しみは必ずやわらぐよ）、ぼくと知り合ってよかったって思うよ。きみはずっとぼくの友達だもの。きみはぼくと一緒に笑いたくなるよ。だから時々、窓を開ける……そしてきみの友達はみんな、きみが空を見上げて笑ってるのを見て驚くだろう。そしたらこう言ってやるんだ。『そうなんだよ。星空を見ると、いつも笑いがこみあげてくるんだよ！』みんな、きみの頭がおかしいと思うだろう。ぼくはきみに、すごくおかしなことをさせてしまうわけだね……」

王子さまはまた笑った。

「星の代わりに、笑いさざめく小さな鈴をたくさん、きみにあげたみたいになるね……」王子さまはまた笑った。それから、真顔にもどって、言った。「今夜……、ねえ、きみは戻ってきてはいけないよ」

ぼくは言った。「きみのそばを離れない」

「ぼくは痛がっているように見えるだろう……死にかかっているように見えるだろう。そんなふうに見えるんだよ。だから、戻ってきて見てはいけない……見に来ることないんだよ」

「きみのそばを離れないよ」

Ma era preoccupato.

"Ti dico questo," lui disse, "anche per il serpente. Non voglio che ti morda. I serpenti sono cattivi. I serpenti possono mordere per il piacere di..."

"Non ti lascerò."

Ma qualcosa lo rassicurò: "È vero che i serpenti hanno il veleno solo per un morso..."

Quella notte non lo vidi partire. Scomparve senza far rumore. Quando alla fine lo trovai, camminava veloce. Disse solamente:

"Oh! Sei qui..."

E mi prese per mano. Ma era ancora preoccupato:

"Hai sbagliato a venire. Avrai dispiacere. Sembrerà che sia morto ma non sarà vero..."

Non dissi nulla.

"Capisci? La mia casa è troppo lontana. Non posso portarmi dietro il mio corpo. È troppo pesante."

Non dissi nulla.

王子さまは心配していた。

「ぼくがこう言うのは」王子さまは言った。「ヘビのことがあるからだよ。きみが噛まれるのは嫌だ。ヘビは時々とんでもないことをする。おもしろ半分で噛んだりするんだ……」

「きみのそばを離れないよ」

でも、別のことを思いついて、王子さまは気が楽になったようだった。「ヘビの毒は、一人分しかないんだった……」

その夜、ぼくは王子さまが立ち去るのに気付かなかった。音もなく、消えてしまったのだ。ようやくぼくが追いついたとき、王子さまは足早に歩いていた。ただこう言った。

「ああ！ 来たんだね……」

そしてぼくの手をとった。それでもまだ心配そうだった。

「君は来たらいけなかったんだよ。悲しくなるだろうからね。ぼくは死ぬように見えるかもしれないけど、本当はそうじゃないんだよ……」

ぼくは一言も言わなかった。

「きみはわかるよね。ぼくの家はとても遠い。この体を持っていくことはできないんだ。重すぎるんだよ」

ぼくは一言も言わなかった。

■morda > mordere かむ　■rassicurò > rassicurare 安心させる

"Ma questo corpo sarà come una vecchia scorza, come la corteccia di un vecchio albero. Non è triste..."

Non dissi nulla.

Era triste, ma cercò di essere allegro:

"Sarà bello, sai. Proprio come te, anche io guarderò le stelle. Tutte le stelle saranno dei pozzi di acqua fresca, con una carrucola arrugginita. Ed io berrò da tutte le stelle..."

Non dissi nulla.

"Sarà talmente bello! Tu avrai cinquecento milioni di sonagli, e io avrò cinquecento milioni di pozzi..."

E tacque. Piangeva...

"Questo è il posto. Lasciami andare da solo."

Si sedette perché aveva paura. E disse ancora:

"Sai... il mio fiore... Ne sono responsabile! Ed è così fragile! E ingenuo. Ha solo quattro spine per difendersi dal mondo..."

Mi sedetti perché non potevo più stare in piedi. Disse:

"Sai... È tutto qui..."

■corteccia (f) 樹皮　■allegro 朗らか　■arrugginita > arrugginire さびる

「でも体はぬけ殻みたいな、古い木の樹皮みたいなものだよ。だから悲しくないんだよ……」

ぼくは一言も言わなかった。

王子さまは悲しかったのに、明るくふるまおうとしていた。

「きっと素晴らしいよ。ねえ。きみと同じように、ぼくも星を眺めてるよ。どの星もぜんぶ、さびた滑車の付いた、真水の井戸みたいになるんだ。そして星という星が、ぼくに水を飲ませてくれるんだ……」

ぼくは一言も言わなかった。

「本当に素敵だろうなあ！　きみは5億の鈴を持ち、ぼくは5億の井戸を持つことになるんだから……」

そして王子さまも黙った。泣いていたから……。

「ここだよ。ここから先は、ひとりで歩いて行くよ」

王子さまは怖さですわり込んだ。それでもしゃべり続けた。

「ねえ……ぼくの花……ぼくはあの花に責任があるんだ！　あんなにか弱いんだもの！　それに何にも知らないんだ。世界ぜんぶに立ち向かって自分を守るのに、小さなトゲが4つあるだけなんだよ……」

ぼくは、もう立っていられなくなってすわり込んだ。王子さまは言った。

「わかるよね……、それだけ……」

Il piccolo principe si fermò un attimo. Poi si alzò. Fece un passo. Io non potevo muovermi.

Ci fu solo un guizzo giallo vicino alla sua caviglia. Rimase immobile per un istante. Non gridò. Cadde dolcemente come cade un albero. Non fece neanche rumore, perché cadde sulla sabbia.

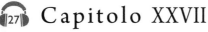 Capitolo XXVII

Ed ora, certo, sono già passati sei anni... Non ho mai raccontato questa storia prima. Gli amici erano molto contenti di rivedermi vivo. Ero triste ma dicevo: "È la stanchezza..."

■guizzo (m) ゆらめき ■caviglia (f) 足首 ■rivedermi > rivedersi 再会する

　小さな王子さまは、ほんの一呼吸おいて立ち上がり、一歩、前に踏み出した。ぼくは動けなかった。

　王子さまの足首のあたりに、黄色い光がほんのかすかに閃いた。一瞬、王子さまは動かなくなった。声もあげなかった。そして、木が倒れるようにゆっくりと、崩れ落ちた。物音ひとつしなかった。砂漠の砂の上だったから。

第27章

　これはもう、6年も前の話だ……。今まで、この話をしたことはない。ぼくの友達は、ぼくが生きていることを知ってとても喜んでくれた。ぼくの心は沈んでいたけれど、彼らにはこう言った。「疲れているだけだよ……」

In questi giorni mi sento un po' meglio. Cioè... non del tutto. Ma so che il piccolo principe è ritornato sul suo pianeta. Lo so perché la mattina seguente non ho trovato il suo corpo. E il suo corpo non era molto grande... E adesso, di notte, mi piace ascoltare le stelle. Sono come cinquecento milioni di sonagli...

Ma ecco che accade una cosa straordinaria. Ho disegnato la museruola per il piccolo principe, ma ho dimenticato di disegnare la correggia! Non avrà mai potuto mettere la museruola alla pecora. Allora mi domando: "Che cosa sarà successo sul suo pianeta? Forse la pecora ha mangiato il fiore..."

A volte mi dico, "Certamente no! Il piccolo principe mette il suo fiore tutte le notti sotto la campana. E sorveglia bene la sua pecora..." Allora mi sento meglio. E sento tutte le stelle ridere dolcemente.

Altre volte mi dico, "Una volta o l'altra si sarà distratto. Basta solo una volta! Forse ha dimenticato una volta la campana per il suo fiore, oppure la pecora è uscita dalla scatola una notte..." Allora i sonagli si trasformano in lacrime!

È un grande mistero. Per quelli di noi che vogliono bene al piccolo principe, l'intero universo cambia se in qualche luogo, in qualche modo, una pecora che non conosciamo ha o meno mangiato un fiore...

■cioè つまり　■seguente 次の　■correggia (f) 革ひも　■sorveglia > sorvegliare 監督する

　今では少しだけ、悲しみもやわらいだ。ということは……、完全に消えたわけじゃない。でもぼくは、小さな王子さまが自分の星に帰って行ったことを知っている。翌朝戻ってみたら、王子さまの体がどこにもなかったからだ。あまり大きな体ではなかったし。だから今、夜になると、ぼくは星空に向かって耳を澄ませるのを楽しみにしている。5億もの鈴が鳴り響いているようだ……。

　ただ、不可解なことが一つある。ぼくは小さな王子さまにヒツジの口輪を描いたのだが——ひもをつけるのを忘れてしまったのだ！ 王子さまは、ヒツジに口輪をはめられないだろう。ぼくは自問する。「王子さまの星で、何が起こったのだろう？ もしかしたらヒツジが花を食べてしまったかもしれない……」

　あるときは、自分に言い聞かせる。「そんなこと、もちろんないさ！ 王子さまは毎晩、花にケースをかぶせるし、ヒツジも注意深く見張っているから……」そう思うと、気が楽になる。すると、星という星がぜんぶ、やさしく笑っているのが聞こえるのだ。

　また別のときにはこう思う。「だれでも時々は忘れたりするものだ。でも1回忘れただけで、もう駄目かもしれないんだぞ！」一度だけ、花にケースをかぶせ忘れたかもしれないし、ある晩、ヒツジが箱から出てしまったかもしれない……」すると、ぼくの鈴はぜんぶ、泣き始めるのだ！

　これこそ、大いなる神秘だ。小さな王子さまが大好きなぼくたちにとっては、どこかで、なぜか、見たこともないヒツジが、ある花を食べてしまったかどうかで、宇宙全体が変わってしまうのだから……。

Guardate il cielo e domandatevi: "La pecora ha mangiato o non ha mangiato il fiore?" E vedrete come le cose cambiano...

Ma i grandi non capiranno mai perché è importante!

Per me questo è il posto più bello e triste al mondo. È lo stesso posto che ho disegnato nella pagina precedente. L'ho disegnato una seconda volta perché lo vediate bene. Questo è il posto in cui il piccolo principe è arrivato sulla Terra ed è poi sparito. Guardate attentamente questo posto per essere sicuri di riconoscerlo, se un giorno farete un viaggio in Africa, nel deserto. E se vi capita di passare in questo posto, non affrettatevi. Fermatevi un momento sotto le stelle! E se allora un bambino vi verrà incontro, e se riderà, e se avrà i capelli d'oro, se non risponderà quando lo interrogherete, saprete chi è. Ebbene, siate gentili con me! Non lasciatemi triste: scrivetemi subito per dirmi che è ritornato...

FINE

空を見上げて、考えてみてほしい。「あのヒツジはあの花を食べたか、それとも食べなかったか？」すると、何もかもが変わって見えることに気づくだろう……。

　おとなときたら、これがどうして大切なのか、ひとりもわからないのだ！

　これは、ぼくにとって、世界でいちばん美しく、いちばん悲しい場所だ。前のページと同じ場所だ。みんなに見てもらうために、もう一度、描いた。小さな王子さまは最初にここに着いて、ここから去って行った。いつかきみたちが、アフリカの砂漠を旅することがあれば、この場所を見分けられるように、しっかりと見ておいてくれ。そしてもしこの場所に行き会ったら、先を急いだりしないでくれ。立ち止まって、少しの間だけ、小さな王子さまの星の真下に立ってみてくれないか！　そしてもし、子どもがひとり近づいてきたら、そして笑ったら、その子が金色の髪をして、きみの質問にちっとも答えなかったら、それがだれだかきっとわかる。そうしたら、お願いだから、ぼくにやさしくしておくれ！　ぼくの悲しみを和らげておくれ。すぐにぼくに手紙を書いて、知らせておくれよ。星の王子さまが帰ってきたと……。

END

覚えておきたいイタリア語表現

> Dammi da bere… (p.180, 4–5行目)
> 少し飲ませてよ……。

【解説】Dammi (qualcosa) da bere. で「私に（何か）飲み物をちょうだい」という意味になります。(qualcosa) da + 不定詞は「〜するもの」という意味で、qualcosa が省略された形でよく使われます。（→ 飲み物、食べ物）また、「〜すべきもの」と義務の意味を含む場合もあります。

【例文】
① In casa non c'è niente da mangiare.　家に何も食べるものがない。
② Ma resta ancora molto da fare.
　　でもまだやらなきゃならないことがたくさん残ってる。

> Sei ingiusto, mio piccolo amico. (p.184, 1行目)
> きみ、きみ、それはフェアじゃないよ。

【解説】giusto には英語の just と同様に「ちょうど」「ぴったり」などの意味のほか、英語の fair にあたる「公平な」、「正当な」という意味もあります。その対義語が上記の ingiusto「不公平な／不当な」です。

【例文】
① È ingiusto ignorare le realtà.　現実を見ないふりをするのは不当だ。
② Non è giusto !　ずるい！

> Hai dei progetti che non hai condiviso con me… (p.184, 6行目)
> ぼくに話してくれてない計画があるんだね……。

【解説】dire「言う」や mostrare「見せる」ではなく、condividere「分かち合う、共有する」という動詞の選択がポイントです。

【例文】
① Perché so che persona sei e credo che dovresti condividere questo segreto anche con gli altri.
　　君がどういう人間か分かってるから言うけど、この秘密は誰か他の人にも話すべきだよ。

② Condivido la sua opinione, ma davanti a un problema di portata transnazionale occorre dare una risposta a livello di Unione.
あなたと同じ意見です。しかし、これは国際的な問題ですから、国際連合レベルでの回答が必要です。

Sei sicuro di non farmi soffrire troppo tempo? (p.186, 下から2–1行目)
あまり長く苦しまなくてもいいんだね？

【解説】Sei sicuro は、「～だということに確信が持てる、～は確かだ」という意味です。「だいじょうぶだよね？」と確認するニュアンスが出ます。

【例文】
① Sei sicuro di non aver sbagliato numero?
番号が間違ってないって、確かなのね？
② Sei sicuro che non sia pericoloso?
危険じゃないときみには自信があるんだね？

[IBC 対訳ライブラリー]

イタリア語で読む星の王子さま [新版]

2017年11月3日　初版第1刷発行
2023年12月2日　新版第1刷発行

原 著 者　　サン＝テグジュペリ

訳　　 者　　エステル・フォーミッチェラ

発 行 者　　浦　　晋亮

発 行 所　　IBCパブリッシング株式会社
　　　　　　〒162-0804 東京都新宿区中里町29番3号 菱秀神楽坂ビル
　　　　　　Tel. 03-3513-4511　Fax. 03-3513-4512
　　　　　　www.ibcpub.co.jp

印 刷 所　　株式会社シナノパブリッシングプレス

© IBC Publishing, Inc. 2023

Printed in Japan

ISBN978-4-7946-0792-8